INNOVACIONES EN EL APRENDIZAJE CON TECNOLOGÍAS DIGITALES.

— *Colección INNTED* —

INNOVACIONES EN EL APRENDIZAJE CON TECNOLOGÍAS DIGITALES

Coordinadores

Manuel Rodríguez López
Rocío Anguita Martínez

Autores
(por orden de aparición)

Laura de la Iglesia Atienza
Inés Ruíz Requies
Eduardo Fernández Rodríguez
Sara Mariscal Vega
Alberto Ruiz-Ariza
Sebastián López-Serrano
Emilio J. Martínez-López
Mª Pilar Munuera Gómez
Rafael Ruiz González
Gema Albort-Morant
Antonio L. Leal-Rodríguez
Carmen Merchán-Hernández
José Manuel Guil Bozal
Anthony Álvarez Melero
Alfonso Álvarez-Ossorio Rivas
Francisco Cidoncha Redondo
Víctor Sánchez Domínguez
Francisco González de Canales
Nuria Álvarez Lombardero

EGREGIUS
ediciones

INNOVACIONES EN EL APRENDIZAJE CON TECNOLOGÍAS DIGITALES.

Ediciones Egregius
c/ Profesor Tierno Galván, 21, 41910 - Camas, Sevilla
www.egregius.es

Diseño de cubierta e interior: Francisco Anaya Benitez

© Los autores

1ª Edición. 2018

ISBN 978-84-17270-52-0

ÍNDICE

INNOVACIONES EN EL APRENDIZAJE CON TECNOLOGÍAS DIGITALES

La Sociedad actual se encuentra en constante redefinición para afrontar los vertiginosos cambios planteados por el desarrollo de las tecnologías y la diversificación de sus usos: proliferación de fuentes de información y formatos de contenidos educativos, usos de redes sociales, globalización, ciudadanía digital...

La irrupción de nuevas tecnologías y su popularización han aumentado las oportunidades para aprender y diversificado los contextos y formas de hacerlo y ha puesto en primer plano del debate público los desafíos a los que se enfrenta la educación en la actualidad, que requiere nuevas metodologías y estrategias pedagógicas para una educación más abierta y flexible para responder a un aprendizaje móvil, conectado y distribuido. En esta era donde la educación se plantea en términos de una educación líquida y sin muros, nuevas metodologías y modalidades educativas tienen o aspiran a tener un peso destacado.

Esta publicación tiene la finalidad de presentar experiencias para la reflexión sobre usos y beneficios de estas nuevas modalidades educativas: aula invertida, pedagogía inversa, conectivismo y aprendizaje social, aprendizaje experiencial, aprendizaje activo, aprendizaje por proyectos, flipped classroom, aprendizaje invisible, aprendizaje híbrido, ecologías del aprendizaje, entornos personales de aprendizaje, redes de aprendizaje, etc.

Innovaciones en el aprendizaje con tecnologías digitales.

1. Educación Expandida y contenidos transmedia en el ámbito universitario

2. Flipped Classroom y Filosofía para Niños. La innovación educativa como herramienta para el pensamiento crítico

3. Innovación en el aprendizaje a través de *Exergames*: una nueva era para los nativos digitales

4. Gamificación, portafolio digital, contrato académico y rúbrica. Estrategias para la adquisición de competencias

5. Cómo mejorar el aprendizaje y la motivación del alumnado a través de una herramienta de gamificación interactiva

6. Formación por Itinerarios Iterativos Personalizados Informáticamente.

7. El uso del Kahoot y del Jumble como herramienta de trabajo para la enseñanza para la Historia Antigua y Medieval de España

8. Políticas de lo diverso en el aprendizaje en la fabricación digital

Manuel Rodríguez López
Rocío Anguita Martínez

CAPÍTULO I

EDUCACIÓN EXPANDIDA Y CONTENIDOS TRANSMEDIA EN EL ÁMBITO UNIVERSITARIO

Laura de la Iglesia Atienza
Programa de Doctorado Investigación Transdisciplinar en Educación
Universidad de Valladolid, España

Dra. Inés Ruíz Requies
Dpto. Pedagogía. Universidad de Valladolid, España

Dr. Eduardo Fernández Rodríguez
Dpto. Pedagogía. Universidad de Valladolid, España

Resumen

La educación del siglo XXI requiere de una adaptación de las estrategias pedagógicas para adecuarse a las exigencias y capacidades que demanda la sociedad actual, una sociedad que se caracteriza por ser líquida, digital, aumentada e hiperconectada.

Presentamos los primeros datos de una investigación realizada con jóvenes estudiantes del Grado de Educación Social de la Facultad de Educación de Palencia (UVa) en la asignatura optativa Medios de Comunicación Social de 4º curso durante el curso 2016/17. La propuesta se centró en el desarrollo de proyectos de educación expandida a través del diseño, creación y difusión de contenidos transmedia de carácter social y cultural, partiendo del análisis y elaboración de contenidos transmedia para llevarlos a un contexto social a través de un programa de radio grabado con la colaboración de Radio Colores, la radio social y comunitaria de la Universidad Popular de Palencia.

El estudio aborda una descripción longitudinal del proceso seguido para el diseño, producción, expansión y difusión de las narrativas transmedia sociales y pretende analizar las posibilidades que aporta este tipo de trabajo para el desarrollo de habilidades blandas, la gestión de saberes prácticos, la construcción colectiva del conocimiento y el establecimiento de culturas participativas de las y los jóvenes universitarios implicados.

Los primeros resultados obtenidos parten de analizar los temas elegidos de forma colaborativa por los/as participantes y los programas de radio grabados, en los cuales se puede observar cómo, los grupos se apropian de las temáticas y, por supuesto, de las expansiones posteriores, resultando especialmente interesantes aquellas que giraron en torno a la música y el desarrollo comunitario.

Palabras claves

Sociedad Aumentada, Cultura digital, Educación Expandida, Narrativas Transmedia, Jóvenes

Introducción

Es indiscutible que la sociedad del siglo XXI se caracteriza por ser una sociedad digital, hiperconectada y, por ende, aumentada (Reig, 2013), en la que los medios digitales se establecen como herramientas indispensables para vivir en sociedad y participar de la cultura en la cual, cada vez más, se torna importante contar con competencias y habilidades que giren en torno a la organización en red, el trabajo colectivo, la convergencia de medios y la reciprocidad en las formas de distribución del conocimiento (Freire, 2009).

De todas estas características culturales nuevas, emergen fenómenos como el de las narrativas transmedia (Scolari, 2016) o lo que es lo mismo, historias contadas a través de múltiples medios y plataformas, que desde el punto de vista educativo promueven en los y las jóvenes universitarias procesos de multialfabetización, es decir, la capacidad de comprender íntegramente los discursos provenientes de los diferentes medios y, por tanto, aprender a utilizar para beneficio personal y profesional las diversas posibilidades que ofrecen dichos medios y plataformas.

Es por ello por lo que la educación del siglo XXI requiere de una adaptación de las estrategias pedagógicas para adecuarse a las exigencias y capacidades que demanda la sociedad y cultura actual, más flexible y abierta.

Desde hace algunos años, se viene teorizando acerca de un nuevo modelo educativo más acorde con estas exigencias, el cual incorpore toda una serie de prácticas educativas que pueden suceder fuera el espacio educativo formal pero que no poder ellos dejan de ser menos eficientes debido a que al aprender haciendo se tornan como ejemplos de aprendizaje significativo y que por ello deberían ser reconocidas en el currículo oficial (Freire, 2012) a saber el paradigma de la Educación Expandida, un concepto que surgió en el simposio organizado por el colectivo Zemos 98 en Sevilla en el año 2009 y que viene a incorporar esa flexibilidad que requiere la actual sociedad y la cooperación con el entorno que se precisa para convertirse en una agente sociocultural (Martínez-Requejo, 2013)

Cómo elementos esenciales para intentar comprender a que nos referimos con Educación Expandida se podrían definir los siguientes:

- Aprendizaje autónomo, individual o grupal, con y a través de los medios y las tecnologías.

- Disolución de los límites entre la educación forma, no formal e informal. Cooperación con el entorno.
- El alumnado participará de forma activa y se disolverán las relaciones jerárquicas entre profesorado y alumnado.

En este marco es corriente que cada vez más, vayan surgiendo nuevas experiencias pedagógicas que abogan por fomentar las culturas participativas (Van Dick, 2013), los entornos colaborativos de aprendizaje, la construcción colectiva del conocimiento (Piscitelli, 2009), la cultura del remix (Lessig, 2008), la creación audiovisual, la educación mediática, etc.

El estudio que aquí se presenta, nace fruto de la necesidad de ampliar un estudio anterior desarrollado en el marco del Proyecto de Investigación I+D *Ecologías del aprendizaje en contextos múltiples: análisis de proyectos de educación expandida y conformación de ciudadanía*. Este estudio anterior versaba sobre el papel que jugaban los contenidos transmedia en el establecimiento de culturas participativas y el desarrollo comunitario dentro de la educación formal superior y cuyo principal objetivo era profundizar en el análisis del diseño, creación, producción y recepción de narrativas transmedia en el marco de culturas participativas en red y las oportunidades que presentaba la transmedialidad para el desarrollo social y cultural, el cual ha sido llevado a cabo por un grupo de investigadores e investigadoras de la Universidad de Valladolid.

Este estudio anterior fue puesto en marcha dentro de dos asignaturas del Grado de Educación Social de la UVa, TIC Aplicadas a la Educación Social (1º Curso. Facultad de Educación y trabajo social de Valladolid) y Medios de Comunicación Social (4º Curso. Facultad de Educación de Palencia.)

Partiendo pues de este estudio, del carácter social del grado en el cual se desarrolló y de la posibilidad surgida de crear un vínculo con "Radio Colores", la radio social y comunitaria de la Universidad Popular de Palencia, se propuso una nueva experiencia pedagógica que pudiera ser analizada, esta vez, como un ejemplo de educación expandida.

La nueva propuesta fue puesta en marcha únicamente con el alumnado de Grado de Educación Social de la Facultad de Educación de Palencia (UVa) en la asignatura optativa Medios de Comunicación Social del 4º curso durante el curso 2016/17. La propuesta se centró en el desarrollo de proyectos de educación expandida a través del diseño, creación y difusión de contenidos transmedia de carácter social y cultural, partiendo del análisis y elaboración de contenidos transmedia en el aula para llevarlos a un contexto social, un programa de radio grabado con la colaboración de Radio Colores, la radio social y comunitaria de la Universidad Popular de Palencia.

Objetivos Generales

El objetivo general del trabajo presentado es el de explorar las posibilidades del desarrollo de proyectos de educación expandida con jóvenes universitarios/as hiperconectadas a través del diseño, producción y difusión de contenido transmedia.

El objetivo principal de esta comunicación es aproximar al lector/a al trabajo realizado a lo largo de la citada asignatura, o lo que es lo mismo, presentar el trabajo de campo realizado de una forma longitudinal, como un ejemplo de una propuesta de educación expandida a través de la creación de contenido transmedia.

Método

El presente trabajo se muestra bajo la forma de estudio de caso, ya que aborda una descripción longitudinal del proceso seguido para el diseño, producción, expansión y difusión de las narrativas transmedia sociales y pretende, en un futuro cercano, analizar las posibilidades que aporta este tipo de trabajo para el desarrollo de habilidades blandas, la gestión de saberes prácticos, la construcción colectiva del conocimiento y el establecimiento de culturas participativas de los jóvenes universitarios implicados.

Es conveniente subrayar que la investigación presenta un corte predominantemente narrativo, pues las técnicas de recogida de datos se centran, principalmente, en las producciones que el alumnado ha configurado a lo largo de la asignatura, además de las oportunas observaciones tanto dentro como fuera del aula y por tanto se puede decir, que responden a las complejidades propias de la etnografía:

- Producciones del alumnado: Son los trabajos entregados para su posterior evaluación. En este sentido se evaluará tanto el resultado final, como el proceso seguido desde diferentes puntos de vista, visual, auditivo, comunicativo, la participación en el proceso del alumnado, la creatividad, etc.
- Observaciones de aula: En el aula donde se ha desarrollado la investigación ha habido una observadora externa que recogía datos, además varias de las sesiones han sido grabadas para su posterior análisis.
- Cuestionarios previos para conocer las realidades de los y las jóvenes con los que se iba a trabajar.

El contexto del estudio tiene lugar en la asignatura optativa de 4º de Educación Social *Medios de Comunicación Social* impartida en la Facultad de Educación de Palencia (UVa), durante el curso académico 2016/2017 y el grupo sobre el que se investiga está compuesto por 16 estudiantes (12 mujeres y 4 hombres) que cursan dicha asignatura.

Resultados

Primer Paso: Formación inicial

El trabajo realizado en el marco de la asignatura se podría dividir en dos grandes momentos clave, a saber: el trabajo anterior a la creación de las narrativas transmedia y la creación de las narrativas transmedia y el posterior trabajo en torno a ellas (presentación y discusión), momento clave en el que sucede la educación expandida. A continuación, ofrecemos en el Gráfico 1 un esquema del proceso seguido:

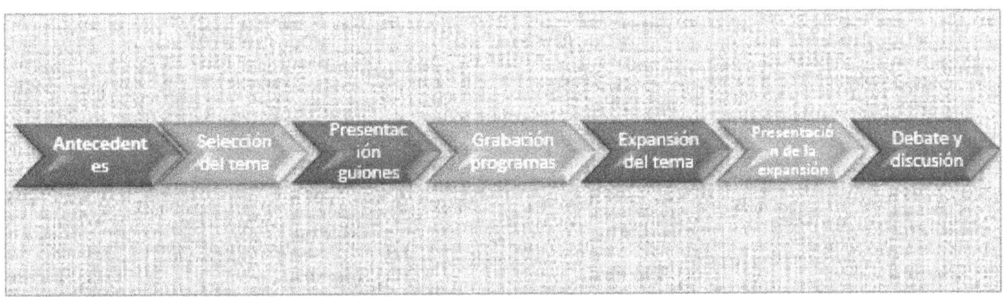

Gráfica 1. Fases en el diseño, creación y difusión de la narrativa transmedia social

Durante el primer mes y medio de clase aproximadamente, se realizaron una serie de sesiones teórico-prácticas reflexivas con el fin de aproximar al alumnado al tema objeto de estudio, esto es, todos aquellos conceptos relacionados con la sociedad aumentada e hiperconectada, la sociedad del conocimiento, el mundo digital, los medios de comunicación social, los artefactos digitales, y por supuesto las narrativas transmedia.

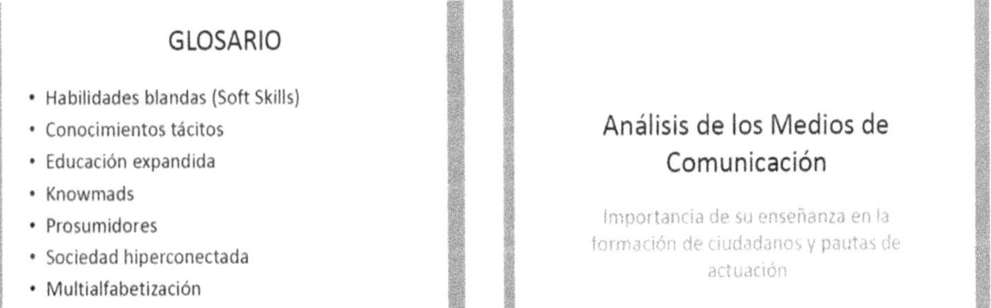

Imagen 1. Diapositivas de trabajo

Estas sesiones permitieron al alumnado acercarse a referentes en el tema como John Moravec, Cristobal Cobo, Eduardo Fernández, Rocío Anguita, Daniel Cassany, Carlos Scolari, Henry Jenkins, Dolors Reig, etc., para ello además del trabajo guiado en clase, el profesor pidió una indagación individual al alumnado a través de una serie de prácticas consistentes en:

- Redactar un ensayo después de visionar el documental "La promesa digital", estrenado en el año 2014 y escrito y dirigido por José Manuel Pinillo, el cual realiza un recorrido por la historia digital de nuestro país y reflexiona acerca de lo que se esperaba que ocurriera en los años 90 y lo que de verdad ha ocurrido en el mundo digital.

- Indagar en torno a un concepto relacionado con la asignatura para después presentarlo utilizando diferentes artefactos digitales disponibles en la web a los cuales el profesor facilitaba el acceso a través del Campus Virtual de la asignatura (mapas conceptuales, prezi, comics, realidad aumentada, creación y edición de video, imágenes, etc.)

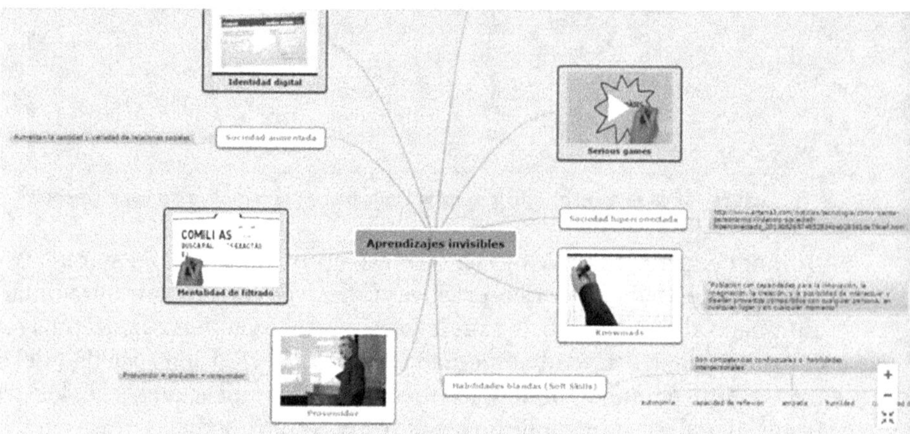

Imagen 2. Trabajo de una alumna con Mindomo

- Crear una breve Narrativa Transmedia personal a partir de varias fotos, las cuales podrían ser personales, de acontecimientos importantes, una película, una canción, etc. con el objetivo de expandirla después con otras tres imágenes y contarlo en clase al resto del grupo, con el fin último de trabajar las competencias orales, y la empatía.

Segundo Paso: Construcción de las narrativas transmedia.

Una vez finalizada esta parte de la asignatura a modo de introducción, se pasó a trabajar en el diseño, creación, producción, expansión y presentación de una narrativa transmedia de tipo social, para completar la naturaleza del grado de Educación Social y contribuir con ello no solamente al establecimiento de culturas participativas, sino también el desarrollo social y comunitario. En este sentido se pueden distinguir los siguientes pasos seguidos:

1. En un primer momento, el profesor propuso al alumnado la creación de una narrativa transmedia de tipo social, para la cual pidió que, el tema escogido debería partir de un programa de radio grabado y promocionado por Radio Colores, la radio social y comunitaria de la Universidad Popular de Palencia. Algunos y algunas de las alumnas ya conocían Radio Colores, pues la Facultad de Educación de Palencia mantiene un vínculo desde hace varios años con la Universidad Popular, gracias al cual el alumnado, entre otras cosas, acude a dicha institución a realizar prácticas. Ahora bien, debido a que era posible que no todo el mundo conociera la labor que realiza Radio Colores, en esta primera sesión, Laura de la Iglesia, trabajadora en la Universidad Popular y colaboradora de Radio Colores, explicó al alumnado la labor que realiza la radio comunitaria citada y resolvió dudas.

    Para comenzar a trabajar, se pidió al alumnado que formara grupos de 4 personas, (al haber 16 alumnas/os matriculados salieron un total de 4 grupos) y que pensaran sobre qué tema les gustaría indagar y hablar para trabajar la narrativa transmedia en torno a él. Debido a que era posible que alguno de los grupos repitiera tema o pudiera sentirse bloqueado, se dio al alumnado una semana para que pensaran tres temas que les gustaría trabajar y cómo lo trabajarían, para que después de pasado ese tiempo, presentaran en clase al profesor sus propuestas y entre todos se llegará a un acuerdo.

    Pasado ese tiempo, la formación de los grupos y las propuestas de trabajo fueron   las que aparecen en el siguiente Cuadro:

Grupo	Alumnado	Propuestas	Tema Elegido
Grupo 1	3 mujeres y 1 hombre	Acoso Escolar Participación Ciudadana	Acoso Escolar
Grupo 2	3 mujeres y 1 hombre	Transexualidad – Sistema Sexo-Género. Misoginia y Violencia de Género. Desarrollo Comunitario – El caso de BOA MIXURA Situación actual de los medios de comunicación	Desarrollo Comunitario, el caso de BOA MISTURA
Grupo 3	2 mujeres y 2 hombres	La Música Rock reivindicativa en contra de la violencia de género y los desahucios	La Música Rock reivindicativa en contra de la violencia de género y los desahucios
Grupo 4	4 mujeres	Acoso Escolar Compra segura en internet Las APP	Compra segura en internet – Las APP

Tabla 1: Relación de grupos y temas seleccionados

Después de escuchar todas las propuestas, el profesor y la doctoranda pasaron grupo por grupo debatiendo acerca de cuál de todos los temas propuestos tenían más posibilidades, con cuál de ellos se encontraban más cómodos y por dónde les gustaría empezar. Se les preguntó también sobre qué habían pensado hablar, etc. llegando a la conclusión de que algunos de los grupos como el 1 y 3 lo tenían bastante claro, y otros como el 2 y el 4 andaban un poco desorientados.

En esta primera sesión todos los grupos salieron de clase teniendo claro el tema en torno al cual iban a trabajar, pero algunos de los grupos no llegaban a ver claro el esquema de trabajo o la concreción, por lo que se pensó que lo mejor sería tener una segunda sesión en la que hubiera, además, un tercer observador-participante que diera su opinión y se pidió al alumnado que fuera a tutorías por grupo para debatir y concretar, gracias a las cuales, grupos como el 4 consiguió encaminar el tema hacia la importancia de las APP en el mundo de las personas con diversidad funcional.

2. Una vez aclarado el tema en torno al cual trabajar, se dio un plazo de una semana para que el alumnado redactase por escrito lo que iba a contar en la radio, los subtemas a explicar, los tiempos de intervención de cada persona, las interacciones, etc. se lo mandará por e-mail al profesor y en una sesión lo explicará al resto de grupo-clase. Así pues, uno por uno, los 4 grupos explicaron su propuesta, expresado sus dificultades, inseguridades e interrogantes y recibieron el feedback del profesor, lo cual ayudo a ajustar los tiempos, las intervenciones, la amenidad, etc.

3. Con los guiones ya sobre la mesa, se comenzó a convocar a los grupos para grabar sus programas de radio. Debido a que Radio Colores es una radio que se emite, casi en su totalidad, en diferido, se optó por la flexibilidad y cada grupo acordó con la responsable de grabar los programas (Laura de la Iglesia) el mejor momento que a cada uno le venía bien, siempre y cuando la radio estuviera disponible y no estuviera ocupada por otros radiofonistas.

Así pues, durante el mes de noviembre se procedió a grabar los programas, a montarlos con la ayuda del técnico y a darles difusión a través de la radio analógica en Palencia capital únicamente, sintonizando el dial 107.7 de la FM y a través la radio digital y la web social, bien en la propia página web de Radio Colores, o bien compartiendo los podcasts en las redes sociales, Facebook y Twitter principalmente, trabajo realizado gracias a Maribel, la coordinadora de Radio Colores.

Las direcciones web tanto del blog, como del Facebook y del Twitter son las siguientes:

- Blog en el que se puede escuchar la misma programación de la radio convencional, elegir el podcast que se quiera o leer alguna noticia:
  https://radiocolorespalencia.wordpress.com/
- Facebook de Radio Colores:
  https://www.facebook.com/Radio-Colores-Universidad-Popular-de-Palencia-1485744071675376/

- Twitter de Radio Colores: @radiocolorespal - https://twitter.com/radiocolorespal

Es necesario aclarar, que fue la plataforma Facebook, la que, principalmente, mejor difusión logró, pues dada la posibilidad de compartir que ofrece, hizo que los enlaces a dichos programas tuvieran una gran acogida y una cantidad importante de interacciones, ya no solo desde el propio Facebook de la radio, sino también desde la propia página que tiene creada la asignatura:

https://www.facebook.com/Medios-De-Comunicaci%C3%B3n-Social-489281044426690/

Tercer Paso: Expansión de las narrativas transmedia.

Una vez grabados y difundidos los programas de radio, se realizó una sesión en la que se compartió entre todo el alumnado, el profesor y la doctoranda las impresiones obtenidas, las dificultades encontradas, las emociones provocadas, etc. Pero, todo esto, no era más que el principio de la narrativa transmedia que, como bien se explicó al alumnado, nacía como un programa de radio, pero era necesario poder expandir la historia a través de otros medios.

Así pues, se dio un plazo de una semana para que el alumnado pensase en 3 formas diferentes de expansión. Pasado el plazo, todos los grupos debían proyectar tres propuestas y enviar los guiones por e-mail:

Grupo	Propuesta de Expansión
Grupo 1	- 'No te quedes en silencio': Colocación de un buzón en un centro escolar, en el que toda la comunidad educativa pueda denunciar situaciones de acoso escolar. - 'Stop Bullying': Concurso de cortometrajes en los colegios de la capital palentina. - 'Teatro-Foro': Se propone a los diferentes centros escolares realizar un Teatro-Foro en el que, a través de la historia creada en torno a la problemática del Bullying se reflexione sobre el tema.

Grupo 2[2]	- Mural reivindicativo de la Educación Pública con la colaboración de BOA MISTURA. - Video promocional de BOA MISTURA. - 'Flashmob' con la participación de la comunidad universitaria en la Plaza Mayor de Palencia, con el objetivo de promocionar la actividad del mural. - Ciclo de conferencias en torno a la educación igualitaria y el desarrollo cultural comunitario.
Grupo 3	- 'Concierto solidario': Movilizar a la comunidad universitaria a través de la actuación de grupos locales como: *Los pelukeros de Punset* o *FreeCity* con temas de denuncia social y reivindicativos. - 'Entrevistas en la calle': realizar entrevistar a jóvenes durante las noches de fiesta sobre temas relacionados con la música, su influencia y los actuales géneros musicales como el *reggaetón,* de marcado acento sexista. - 'Entrevista en un coche': Al estilo de las entrevistas realizadas por James Corden en su programa *The late late Show´s* (EE.UU.) se entrevistará a miembros de grupos locales de música reivindicativa en un coche.
Grupo 4	- 'Enseñando Diversidad': Videotutorial para enseñar a manjar las aplicaciones de las que hablaron en el programa de radio: Tweri[3] y CERMI[4]. - 'Las Ruedas de la Diversidad': grabación de un video en el que, desde el punto de vista de una persona que necesite silla de ruedas se recorra la ciudad de Palencia evaluando la adaptabilidad para las personas con movilidad reducida. - 'El mundo está cansado': Creación de una canción que hable sobre el tema y sea motivadora, para después realizar un video en el que además de la letra cantada, se presenten otras formas de expresión adaptadas a personas con diversidad funcional (p.e. Lengua de signos)

Tabla 2: Relación de ideas y grupos

---

2 Este grupo es particular ya que ellos desde el primer momento tienen claro que lo que quieren hacer es el Mural con la colaboración de BOA MISTURA, por lo tanto, el programa de radio y las propuestas de expansión giran en torno a la promoción de dicha actividad.

3 Tweri es una aplicación que permite a las personas encargadas del cuidado de personas con Alzheimer localizar al enfermo/a a través de GPS.

4 CERMI es una aplicación que permite conocer los derechos y los recursos de personas con diversidad funcional y plantear quejas reclamaciones y denuncias de la violación de dichos derechos.

De todas estas propuestas expansivas proyectadas, se pidió que cada grupo eligiera una y la pusieran en práctica, grabando un video para mostrarla al grupo clase. Así pues, poco antes de las vacaciones del primer trimestre se realizó una sesión presencial, en la que cada grupo, primero explicaban más detalladamente que tres propuestas habían pensado y después mostraba la producción final llevada a cabo. A continuación, se especifican los 4 productos finales resultantes:

Grupo 1: 'Stop Bullying' Concurso de Cortometrajes.

El grupo presenta un video en el que se puede ver, únicamente, una pizarra de fondo con la frase 'Stop Bullying' y dos miembros del grupo por delante promocionando la importancia y las bases del concurso de cortometrajes, aportando la información necesaria para poder participar.

Imagen 3: Video grupo 1

Grupo 2: Video Promocional de BOA MISTURA – 'De colores va la cosa'

Es un video en el que, a través de la superposición de imágenes de videos como "Lunas Vielas", "Madrid te comería a besos" y "Charla Ted de arte urbano para transformar" y de videos grabados por ellos mismos, tratan de explicar cuál es su objetivo, pintar el mural.

Imagen 4: Video grupo 2

Grupo 3: 'Entrevista en un coche'

Al estilo de las entrevistas realizadas por James Corden en su programa *The late late Show´s* (EE.UU.) este grupo decidió hacer una entrevista de la misma forma a Álvaro Tobar y Alejandro "Farru" dos personas vinculadas a movimientos sociales en la ciudad de Valladolid. En ella se les hicieron preguntas acerca de cómo ven ellos la influencia de la música en la sociedad, por ejemplo: "¿Creéis que la música puede ser una herramienta para llegar a las personas?"

Imagen 5: Video grupo 3

Grupo 4: 'El mundo está cansado'

Este grupo partiendo de una canción que ya existía, modificaron su letra para incluir el tema de las aplicaciones y la diversidad funcional. Después hicieron una especie de videoclip en el que a la vez que se escucha la canción cantada, también se podía leer y ver en lengua de signos.

Imagen 6: Video grupo 4

La letra de la canción:

Estrofa 1
Si es cuestión de confesar
No sé qué es la diversidad
Y no entiendo de "apeppes"
Creo que alguna vez las usé
No sé bien por qué
Pero entonces me conciencié
Y para ser más franca
nadie piensa en ello como lo hago yo
Aunque sea difícil

Estrofa 2
Si es cuestión de confesar
Ayudar es fundamental
Todos tenemos que cooperar
La verdad es que también
existe la App
para toda diversidad
El tema no es fácil
Ya debes saber
Lo conoces bien

Estribillo
El mundo está cansado ya de ver
La diversidad crecer
Y cada día que pasa es uno más
el que está detrás
No encuentro forma alguna de
explicar el porqué
Seguir excluyendo no es inevitable.

Una vez que todos los grupos hicieron sus presentaciones, el profesor primero y el alumnado después fue haciendo feedback a sus compañeros y compañeras. Dando su opinión sobre la actividad, como se habían sentido, etc.

Imagen 7: Feedback en grupo

Discusión y conclusiones

En primer lugar, una de las cuestiones que se plantea a través de esta forma de trabajar es que la creación de proyectos trasmediales dentro del aula, permite configurar nuevas ecologías educativas (Cobo y Moravec, 2011) en las que los distintos agentes implicados se reparten los diferentes roles de trabajo y las diferentes tareas asignadas para iniciar procesos abiertos y participativos de creación colectiva de conocimiento. Además, dentro de esta forma de intercambio, se pueden observar las diferentes formas de participación, desde aquellas personas que han desarrollado formas de participación periféricas a aquellos más comprometidos con la propuesta.

En este sentido, una segunda reflexión gira en torno a las posibilidades que genera el trabajo con narrativas transmedia para la praxis social transformadora, pues éstas hablan de la posibilidad de combinar diferentes lenguajes y medios para construir historias polifónicas, lo cual es sumamente interesante cuando se trabaja en el campo de la intervención social comunitaria. Se trabaja pues, para que, en tanto educadores y educadoras sociales, se promuevan ideas basadas en el bien común y la recuperación de lo público (Soriano, 2016)

En segundo lugar, y siguiendo con la praxis social, se torna interesante analizar la experiencia, no sólo como un ejemplo de educación expandida, sino también como un ejemplo de aprendizaje-servicio, pues la propuesta de trabajo une claramente los objetivos del enfoque educativo del sector de la educación formal, en este caso superior, y los objetivos del enfoque de acción social del sector educativo no formal, en este caso la Universidad Popular de Palencia y su radio social y comunitaria, transformándose así la práctica educativa formal como una práctica educativa orientada al cambio social y relacionada claramente con la ciudadanía, el procumún y el agenciamiento social (Jenkins, Purushotma, Weigel, Clinton, & Robison, 2009; Fleming, 2013; Kalogeras, 2014).

En tercer lugar y último lugar, este estudio deja entrever las posibilidades que la creación transmedia como proceso de mediación tecnología y social (Rao, Jongerden, Lemmens, & Ruivenkamp, 2015), para el reconocimiento y la configuración de una serie de saberes tactitos (Nonake y Takeuchi, 1995) que el alumnado trae consigo y que la literatura ha caracterizado bajo el marco general de aprendizajes invisibles de la sociedad Knomádica (Moravec, 2013).

Referencias bibliográficas

Cobo, C. y Moravec, J. W. (2011). Aprendizaje invisible. Hacia una nueva ecología de la educación. Barcelona: Collecció Transmedia XXI. Laboratori de MitjansInteractius / Publicacions i Edicions de la Universitat de Barcelona.

Dijck, J. Van (2013). The Culture of Connectivity: A Critical History of Social Media. New York: Oxford University Press.

Fleming, L. (2013). Expanding learning opportunities with transmedia practices: Inanimate Alice as an exemplar. Journal of Media Literacy Education, 5(2), 3.

Freire, J. (2009). Monográfico "Cultura digital y prácticas creativas en educación". RUSC. Universities and Knowledge Society Journal, 6 (1).

Freire, J. (2012). Educación expandida y nuevas instituciones: ¿Es posible la transformación? En R. Díaz y J. Freire. (Ed.), Educación Expandida (pp. 67-80). Sevilla: Zemos 98.

Jenkins, H., Purushotma, R., Weigel, M., Clinton, K., & Robison, A. J. (2009). Confronting the challenges of participatory culture: Media education for the 21st century. MIT Press.

Kalogeras, S. (2014). Transmedia Storytelling and the New Era of Media Convergence in Higher Education. UK: Palgrave Macmillan.

Lessig, L., Cabello, F., & Perulero, M. G. (2012). Remix: cultura de la remezcla y derechos de autor en el entorno digital. Barcelona: Icaria.

Martínez Requejo, S. (2013). TAC_TAC. Una Experiencia de Educación Expandida. En X Jornadas de Internacionales de Innovación Universitaria. Educar para la Transformación. Universidad Europea.

Moravec, J. (2013). Knowmad society. Minneapolis: Education Futures.

Piscitelli, A. (2009). Nativos Digitales. Dieta cognitiva, inteligencia colectiva y arquitecturas de participación. Buenos Aires: Santillana.

Rao, M. B., Jongerden, J., Lemmens, P., & Ruivenkamp, G. (2015). Technological mediation and power: Postphenomenology, critical theory, and autonomist marxism. Philosophy & Technology, 28(3), 449-474.

Reig, D. (2012). Socionomía: ¿Vas a perderte la revolución social? Barcelona: Grupo Planeta.

Scolari, C. (2016). Alfabetismo transmedia. Estrategias de aprendizaje informal y competencias mediáticas en la nueva ecología de la comunicación. Telos, 103, 13-23.

Soriano, C. R. R. (2016). Transmedia mobilization: Agency and literacy in minority productions in the age of spreadable media. The Information Society, 32(5), 354-363.

CAPÍTULO II

FLIPPED CLASSROOM Y FILOSOFÍA PARA NIÑOS. LA INNOVACIÓN EDUCATIVA COMO HERRAMIENTA PARA EL PENSAMIENTO CRÍTICO

Sara Mariscal Vega

Universidad de Sevilla, España

Resumen

Lyotard presenta la postmodernidad como la superación de la creencia en el acceso único a la Verdad, que niega toda posibilidad al pluralismo. El tiempo postmoderno asume que la época de las grandes verdades es simplemente un modo más de narrar la historia, pero no el único. Esta realidad junto con la primacía técnica, convertida ya en tecnología o tecnociencia, hace que la educación deba plantearse el tipo de herramientas y racionalidad que utiliza y fomenta.

Por ello, queremos reivindicar el método de la Flipped Classroom como herramienta para iniciar el camino hacia una innovación educativa acorde con el nuevo tiempo. La "educación invertida" consigue que la parte "pasiva" de asimilación de conceptos se realice en casa con el uso de las TICs; mientras que el planteamiento de problemas y la resolución de los mismos se propongan en clase.

Como resultados podemos indicar que con la aplicación conjunta de Flipped Classroom y Filosofía para Niños conseguimos consagrar la educación a las categorías superiores de la taxonomía de Bloom y de la pirámide de necesidades de Maslow, trabajando sobre la dimensión cognitiva plenamente.

Se abre el camino hacia un lugar donde poder considerar las necesidades emocionales de los niños, reforzando la autorrealización y dejando espacio para dialogar sobre necesidades como el afecto o la familia y donde las Nuevas Tecnologías no son sólo objeto de estudio sino instrumento necesario para la asimilación de los conocimientos.

Palabras claves

Flipped Classroom, FpN, inlcusión, TICs, diálogo, innovación

Introducción

Como decíamos en el resumen, en el tiempo actual las realidades se han diversificado, las verdades son ya plurales y las propias culturas se han diversificado, conviviendo, en ocasiones, de forma conjunta. Todo ello, junto con la gran realidad, a saber, la tecnológica, supone un reto para la educación, que se debe plantearse continuamente cuáles son las herramientas idóneas para vivir mejor en este nuevo mundo. Junto con las herramientas, la escuela debe preguntarse sobre todo por qué racionalidad es también la que mejor puede adaptarse a una vida donde realidad y virtualidad, verdad y ficción son ya la misma e inherente cosa.

Por todo esto, nos preguntamos por el propio sentido de la educación, por cómo puede cuestionarse su propia utilidad y conexión con las nuevas herramientas que estos tiempos tecnocientíficos plantean. De este modo, creemos que la propuesta de la educación invertida aporta claridad sobre la posibilidad de que los alumnos puedan no sólo estudiar el fenómeno tecnocientífico como contenido específico, sino poner en práctica herramientas tecnológicas que: 1) en primer lugar acerquen a los niños/jóvenes a las TICs desde una perspectiva más sistémica, donde éstas no son sólo motivo de distracción (ocio), sino de trabajo, abstracción (negocio) 2) muestren que la Flipped Classroom supone un modo innovador no sólo por su forma tecnocontempororánea, sino por pretender cambiar el modo de *comprensión* educativa, implicando la capacidad argumentativa y crítica tanto del docente como del discente. "Ahora tienen una hora para preguntarme lo que quieran, es un bombardeo de inquietudes. La ventaja es que están más motivados, piensan más y toman más decisiones" (Torres, 2016)

Por otro lado, y en cuanto a la Filosofía para Niños, ésta nace como propuesta en 1969 en la Universidad de Monclair (New Jersey, Estados Unidos) impulsada por Matthew Lipman. El filósofo estadounidense pretendía fomentar la capacidad de pensar por sí mismo de los niños y niñas. La idea principal de los talleres es desarrollar el pensamiento crítico para reforzar las libertades civiles y de pensamiento. Tras el éxito de Lipman, Félix García Moriyón impulsa en los años ochenta la creación de un grupo de profesores de filosofía que continuara el trabajo de Lipman en España. Para que el proceso fuese más efectivo, el grupo se encargó de traducir al español las obras de Lipman y de crear una asociación dedicada a la difusión y la formación en Filosofía para Niños. Desde entonces se han desarrollado diferentes trabajos en torno a la Filosofía para Niños en España. En general, podemos decir que el desarrollo de la Filosofía para Niños en España posee un corte freiriano:

> La importancia y la influencia del pensamiento de Paulo Freire para el debate en torno al papel de la educación en el proyecto de democratización de la democracia en el trabajo filosófico y pedagógico con las nuevas

generaciones son absolutamente fundamentales. Su obra representa una baza en esta construcción porque ofrece un *corpus* teórico crítico donde los presupuestos político-pedagógicos contienen las bases de acción y reflexión necesarias para someter al análisis la práctica educativa en cualquier nivel de su acción, tanto en el campo de la educación de adultos como en el de la educación de niños y jóvenes. En este sentido, las contribuciones sólidas, las interrogaciones fundamentales y los desafíos centrales que el pensamiento freiriano determina de forma compleja son, según entendemos, no sólo de absoluta pertinencia transversal para cualquier educador que acepte filosofar con niños y jóvenes, sino verdaderamente inevitables cuando se trata de asumir la política de la educación, es decir, iluminar las relaciones entre el poder y la pedagogía. (Barros, 2013, p.40)

En este sentido, la FpN fomenta el pensamiento crítico, creativo y cuidadoso, pretendiendo que el alumnado sea reflexivo y responsable en su modo de actuar y pensar. El **método** principal de la FpN es el diálogo, por lo que, como veremos, su uso se complementa muy bien con la técnica de la Flipped Classroom. De ahí que a su vez el método de nuestro trabajo sea doble, por un lado el diálogo de la Filosofía para Niños y el innovador del aula invertida.

De ahí que podamos ofrecer como **objetivos generales** en primer lugar reivindicar la Flipped Classroom como instrumento de innovación propicia para el uso de las TICs y, en segundo lugar, encontrar vínculos entre Flipped Classroom y FpN como programa idóneo para que método (diálogo) y herramienta (TICs e inversión educativa) se aúnen en un tipo de enseñanza que anime al esfuerzo reflexivo tanto del docente como del discente.

Flipped Classroom e innovación

Queremos reivindicar el método de la Flipped Classroom como herramienta para iniciar el camino hacia una innovación educativa acorde con el nuevo tiempo, que llama hacia lo inclusivo, lo pluralista y lo interrelacional. La "educación invertida" propicia la asimilación abstracta, lo que podríamos llamar el esfuerzo teórico, en casa, mientras que la *comprensión*, esto es la discusión crítica sobre los contenidos y resolución de problemas se planteen en clase junto con el docente. La técnica de la *Flipped Classroom* "es una apuesta por la personalización y una cruzada contra la estandarización" (Baugman, citado por Torres, 2016). Y es que ésta es una apuesta por una mayor implicación del alumno en el proceso completo de aprendizaje, sobre todo, es una apuesta por la educación crítica a través del diálogo, a través de la mayor relevancia de la voz del alumno. Con el aula invertida "la responsabilidad del aprendizaje recae en manos del que aprende: el alumno, mientras que el trabajo del profesor adquiere un nuevo y diverso valor añadido" (Touron, Santiago y Díez, citado por Íñigo Mendoza, 2014, p. 465). Que el decir del alumno pueda ser diverso es imprescindible en un mundo educativo donde los métodos democráticos tienden a la *normalización* en la escuela, esto es, a igualar a todos mediante un concepto estándar limitado de persona, estudiante y ciudadano. Esto ocurre, por supuesto, e incluso es lo que encontramos en la base, con los valores (modelo estándar de lo que es bueno, malo o bello) que, al estar normalizados por el Estado-escuela (valores normales positivos y valores anormales negativos), pueden generar un vacío en cuanto a ciertos modos de entender el mundo (culturales, religiosos, familiares...). Según Gil Villa, la escuela tiene un doble objetivo: por un lado, el declarado, a saber, la democratización, por otro, y contradictoriamente, el control social. (Gil Villa, 2007, p. 43).

En cuanto a su conexión con la innovación y el fomento del uso de las TICs podemos resumir, con Carrillo y Cascales (2016, pp. 63-64) cinco características esenciales del aula invertida:

- Está en consonancia con los *nativos digitales*.
- Ayuda al alumnado más ocupado a poder organizar su aprendizaje teniendo en cuenta el resto de actividades que desarrolla.
- Beneficia la atención a la diversidad, ya que cada alumno aprende a su ritmo.
- Facilita la interacción alumno-profesor.
- Posibilita la relación alumno-alumno. El profesor pasa a ser tutor y no sólo un presentador de contenidos, creando lo que se conoce como *cultura de aprendizaje*.

Filosofía para Niños e innovación

> La vida práctica se fundamenta constantemente en supuestos de todo tipo; sin embargo, cualquier supuesto puede reestructurarse para usar más eficazmente su información, antes restringida por su carácter rígido. Además, la necesidad de reestructurar supuestos deriva a veces del obstáculo que un supuesto dado representa para la reestructuración de una idea o de un complejo de ideas más amplio. El propósito de los ejercicios es demostrar que cualquier supuesto puede ser revisado. No se intenta, claro está, averiguar la razón de ser y la validez de todos los supuestos que uno encuentra a cada paso en la vida diaria, sino de demostrar que puede prescindirse de su carácter absoluto y someterse a examen (De Bono, 1993, pp. 114-115).

No se nos oculta la tradición que ya entre filósofos antiguos tenía el promover la crítica filosófica entre los más jóvenes jóvenes. No obstante, y precisamente porque la FpN como idea inicial es antigua, puede ser un instrumento fabuloso de innovación. Sobre todo, teniendo en cuenta el carácter plural y heterogéneo de la realidad y la educación actuales. La educación hoy debe ser dirigida no a seres unitarios, esto es, con unos ideales rígidos e inamovibles, sino teniendo en cuenta que la innovación se dirige, precisamente a alumnos (y sociedad en su conjunto) *mestizos*, es decir, en continuo cambio y con multiplicidad de matices personales, culturales y creativos.

> El mestizo es un ser análogo, una entidad analógica, es decir, nueva pero que toma lo mejor de la tradición de la que parte y lo potencia hacia la tradición a la que llega o a la que inicia y funda. Pues la conservación y la innovación se entrecruzan: son condición una de la otra, y tienen como destino la hibridización, el mestizaje, la analogicidad. (Beuchot, 2005, p.72)

> En este sentido una Filosofía para Niños innovadora es aquella que apuesta por el mestizaje, por el pluralismo, y, sobre todo, por la crítica, por la revisión constante de los supuestos innegables que sustentan los prejuicios. Así, se trata de una FpN que, a través del diálogo, consiga establecer la diferencia (lo plural) como lo único continuo en el ser humano, pues "la diversidad es la norma y no una excepción" (Unesco, 2008, p. 42)

En este sentido, planteamos el fomento de la revisión educativa desde la FpN a través de una de las herramientas más significativas en relación con la innovación: la imaginación.

> Ciò dipende dal fatto che l'immaginazione non è una qualque facoltà separata della mente: è la mente stessa, nella sua interezza, la quale, applicata ad un'attività piuttosto che ad un'altra, si server sempre degli stessi procedimenti. E la mente nasce nella lotta, non nella quiete. (Rodari, 2010,20)

Flipped Classroom y Filosofía para Niños

Una de las críticas generales que suele hacerse a la Filosofía para Niños entendida como eje trasversal en la educación formal es cómo introducirla asegurando el cumplimiento de las exigencias del currículum docente. Y aquí encuentra un lugar apropiado la técnica de la *Flipped Classroom*.

Nosotros no afirmamos aquí que la Filosofía para Niños deba ser una asignatura más, pues la defendemos como una forma de entender el mundo, que, antes que los propios alumnos, debe asumir el profesorado, es decir, que se trata más de un contenido trasversal. Sin embargo, comprendemos que no todos los profesores están dispuestos o capacitados para trabajar con ciertos conceptos vitales, por eso, nos parece que la *Flipped Classroom* es un buen modo de iniciar el camino hacia la implicación y responsabilidad de todas las partes intervinientes en el proceso educativo.

Como indica Leticia Serna, profesora adscrita al método de la clase invertida: "Ahora tienen una hora para preguntarme lo que quieran, es un bombardeo de inquietudes. La ventaja es que están más motivados, piensan más y toman más decisiones" (Torres, 2016). Y es que ésta es una apuesta por una mayor implicación del alumno en el proceso completo de aprendizaje, sobre todo, es una apuesta por la educación crítica a través del diálogo, a través de la mayor relevancia de la voz del alumno. En ese sentido, podemos decir que el pensamiento crítico que se propicia con la *Flipped Classroom*, y que se propone directamente la Filosofía para Niños, facilita una educación más completa, esto es, una educción que no sólo aporta los contenidos específicos que recoge el currículum, sino que encuentra el espacio y el tiempo justos para que esos conocimientos se transformen en reflexiones profundas. Con la aplicación conjunta de *Flipped Classroom* y Filosofía para Niños conseguiremos consagrar la educación a las categorías superiores de la taxonomía de Bloom y de la pirámide de necesidades de Maslow,como indicamos al principio. Es decir, con este método conjunto tendríamos un lugar, sin necesidad de apartarnos de la materia concreta de la enseñanza, donde trabajar sobre la dimensión cognitiva plenamente, esto es, donde los niños puedan hacerse cargo del proceso total de su educación atendiendo a los momentos de creación o comprensión (de imaginación), que no se dan si no se interviene en el desarrollo completo del aprendizaje. Además, en referencia la pirámide de Maslow, y gracias sobre todo a las sesiones de Filosofía para Niños, se abre un lugar donde poder considerar las necesidades emocionales de los niños, reforzando la autorrealización y dejando espacio para dialogar sobre las necesidades de afiliación y seguridad, como el afecto, la familia o la salud.

Con el sistema de La Flipped Classroom, junto con la Filosofía para Niños, al no utilizarse las horas de clase para ofrecer conocimientos establecidos a priori, se consigue que los alumnos se hagan cargo del proceso completo y complejo de la creación del Conocimiento, estableciendo, a través del diálogo, las propias nociones por medio de las cuales se trabaja dentro de un universo de discurso determinado. Esto ocurre gracias en parte a los cuatro pilares de la Flipped Classroom, que fomentan las capacidades individuales de cada alumno frente a la estandarización, a saber: entorno flexible (flexible envioronment), cultura de aprendizaje (learning culture), cambia la cultura de aprendizaje al darle la vuelta, contenido intencional (intentional content) y educador profesional (profesional educator).

No se trata de negar los contenidos educativos ni los valores, sino de conseguir con la educación invertida como herramienta filosófica que las horas de clase se inviertan en problematizar dichos contenidos y valores, de que los alumnos sean críticos, tengan la oportunidad de preguntar, cuestionar. Con la lectura de los contenidos en casa y la apertura dialógica en clase entendemos que se puede conseguir que el alumnado pueda participar del proceso reflexivo de la educación. No se pretende que los alumnos lleguen a conclusiones de valores contrarios a los democráticos o que nieguen aquellos con los que viven propiamente, sino que los hagan propios siempre tras pasarlo por el tamiz de la razón y no sólo porque la autoridad de turno haya indicado su valía.

Se abre el camino hacia un lugar donde poder considerar las necesidades emocionales de los niños, reforzando la autorrealización, dejando espacio para dialogar sobre necesidades como el afecto o la familia y donde las Nuevas Tecnologías no son sólo objeto de estudio sino instrumento necesario para la asimilación de los conocimientos.

Resultados

Para comprender la práctica de estas dos herramientas conjuntamente, desarrollaremos el ejemplo de una sesión concreta que aúna ambas herramientas. Concretamente trabajaremos sobre el tema de los derechos.

Tradicionalmente se desarrollaría una clase magistral en torno a la legislatura vigente, la Constitución, la Declaración de los Derechos Humanos, y, en función del nivel de la clase, un pequeño recorrido sobre la historia del derecho natural y el derecho positivo.

En esta ocasión, sin embargo, se optará, de acuerdo con la metodología dinámica del aula invertida y la Filosofía para Niños por un trabajo en casa de búsqueda interactiva sobre los derechos y una lectura del periódico del día o visualización del noticiario televisivo con la intención de extraer al menos una noticia relacionada con algún tipo de derecho, buscando, a su vez, antecedentes en la red. Por otro lado, se deberá completar la información con asociaciones virtuales o servicios online sobre el tema.

Una vez en clase, presumiblemente al día siguiente, al menos en la misma semana, se llevará a cabo una discusión sobre una de las noticias aportadas, en cuyo diálogo se propiciarán las cuestiones profundas acerca de lo tratado. A continuación, el texto de una noticia real que nos ha servido para llevar a cabo una sesión práctica al respecto:

> "Un profesor homosexual demanda a un colegio concertado por discriminación"
>
> Un profesor que hasta finales de 2013 trabajaba en el Colegio Calasancio Hijas de la Divina Pastora de Sanlúcar de Barrameda (Cádiz) ha demandado al centro, que está en régimen de concierto con la Junta de Andalucía, por una supuesta discriminación debido a su orientación sexual. El docente empezó a trabajar en el colegio en diciembre de 2008 con un contrato de relevo por jubilación parcial de otra maestra. En diciembre concluyó ese contrato y se abría la posibilidad de que pasara a formar parte de la plantilla como el resto de trabajadores. Pero, según la demanda presentada por el docente este mes, no fue renovado por ser homosexual.
>
> En la demanda se sostiene que "con motivo de hacerse notoria y pública su orientación sexual" la directora del colegio le pidió que acudiera a su

despacho. Allí, le avisó "de que dada su condición sexual, la cual ha trascendido al centro de forma notoria, no podía garantizar su continuidad". Además, según la demanda, se le indicó que este asunto sería puesto "en conocimiento de la central" y que ellos serían "los que decidieran sobre ese particular, toda vez que podría haber padres que, por su educación cristiana o por sus ideales políticos, pudieran sentirse molestos, teniendo ello consecuencias para el resto".

La dirección del centro le trasladó en varias ocasiones indicaciones en el mismo sentido. Y, en noviembre de 2013, se le volvió a recordar que no se "podía garantizar su renovación dado que la central puede considerar que el actor no se acoge al modelo que el centro quiere como profesores". (Planelles, 2014)

A continuación se lee en voz alta entre todos. ¿Habéis entendido el texto? (7 minutos.)

Dividimos en dos grupos: un grupo representará al colegio y el otro al profesor despedido. Tendrán que dar razones para apoyar su postura. (15 minutos.) Con esta actividad, además de analizar en profundidad el acontecimiento, se pretende que los alumnos realicen un esfuerzo reflexivo por ponerse en el lugar del otro, buscando razones donde a veces parece no haberlas.

Tras volver a colocarse como antes se les pregunta por su opinión real: ¿Qué pensáis de la noticia? ¿Es un derecho la libertad sexual? (los padres tienen también derecho a elegir la educación de sus hijos, ¿qué derecho está por encima?, ¿es uno más importante que otro?) (15 minutos.) Con este punto se pretende reflexionar acerca de la jerarquía de valores, si unos son más relevantes que otros, quién debe/puede decidir cuáles son, si los valores son naturales, si pueden transformarse, si son los mismos en todas las culturas...

¿Qué otros derechos tenemos? ¿Los derechos son los mismos en todos los lugares? ¿Hay derechos más importantes que otros? (podríamos hacer una lista de derechos por orden de importancia) ¿Nos ganamos los derechos o los tenemos? ¿Se pueden perder los derechos? (15 minutos.)

¿Qué son los derechos? Hacer una definición en una hoja y entregar. 6 minutos. Finalmente se pretende que, lo que en una clase tradicional habría sido el comienzo, es decir, la definición conceptual del tema, que, por otro lado, habría sido responsabilidad del docente; se torne en esta ocasión la reflexión, el cierre, es decir, que tras la reflexión crítica se pueda comenzar a dar definiciones y no que los alumnos memoricen los enunciados propuestos por los docentes (autoridad) sin previo razonamiento personal.

Como resultado concreto podemos ofrecer las reflexiones de un grupo de niños de 1ª de E.S.O. con el que se llevó a cabo esta actividad:

Cada uno expresó sus razones. Los demandantes: "No se puede inculcar ideas contradictorias a lo que piensen los padres" "los padres tienen derecho a decidir sobre la educación de sus hijos" El demandado: "Tengo derecho a decidir mi sexualidad" "a los niños sólo les doy clases normales, no hablo de mi homosexualidad" A la pregunta ¿qué son clases normales", respondió: "clases normales como los heterosexuales" "Es como si lo despides por ser negro".

Sin embargo, seguimos problematizando: si las clases normales son las que imparten los heterosexuales, ¿quiere decir que una persona homosexual no es normal? Todos se sintieron muy incómodos con esta reflexión, pues descubrieron que el propio lenguaje, aun cuando se quiere decir lo contrario, debe ser escogido con mucho cuidado. Y, por otro lado, ¿qué es ser normal?, pregunté: "la normalidad es ser como es uno mismo, está en cada uno", "algo normal es lo que vemos cada día, a lo que estamos acostumbrados" "Cada persona decide lo que es normal para ella", "normal es lo que se da en todos los sitios, y algo que se da en todos sitios es que vivimos y morimos, las funciones vitales, pero no vivimos ni morimos igual."

Tras volver a colocarse como antes: ¿Qué pensáis de la noticia? ¿Es un derecho la libertad sexual? (los padres tienen también derecho a elegir la educación de sus hijos, ¿qué derecho está por encima?, ¿es uno más importante que otro? ¿Qué pasa cuando varios derechos entran en conflicto?: "Hay que razonar y dialogar, ver cuál es el derecho más importante"¿Qué otros derechos tenemos? ¿Los derechos son los mismos en todos los lugares? ¿Hay derechos más importantes que otros? (podríamos hacer una lista de derechos por orden de importancia) ¿Nos ganamos los derechos o los tenemos? ¿Se pueden perder los derechos?

"Para los que vemos la homosexualidad como algo normal, es más importante la libertad sexual, para los otros, el otro derecho"

"Tenemos que ganárnoslos, porque tenemos derechos y deberes" ,"los derechos tienen que estar asegurados para todos." "un hindú, un musulmán y un cristiano, cada uno quiere que le traten por igual , pero quizás él no trate por igual al resto."

"De no utilizarlos, se pierden", "si haces cosas malas y no te portas bien, lo pierdes", "no cumplir los derechos sí que es portarse mal".

Elaboramos otra sesión parecida con el mismo grupo, en este caso acerca del concepto de persona y sus implicaciones con respecto a la relación con otros seres vivos. Como ocurría con la anterior sesión, también este tema, sobre todo desde un punto de vista filosófico, puede exponerse en clase al modo tradicional, haciendo un recorrido histórico por las concepciones clásicas. Sin embargo, optamos por la involucración del alumnado en el proceso completo de aprendizaje, intentando elaborar un concepto de persona acorde a las reflexiones extraídas del diálogo realizado en clase. Para ello, se les animó a buscar en casa las imágenes resultantes de la búsqueda en Internet de la palabra "persona", para que, una vez en clase, pudiésemos ver qué tenían en común todas ellas, pudiendo así, quizás, determinar qué es lo que caracteriza a los seres humanos. Una vez en clase comenzamos la sesión:

1. Se comenzó extrayendo del diccionario la definición "oficial" de la palabra en cuestión; según la RAE: "individuo de la especie humana" "individuo" RAE: "que no puede ser dividido" "animal" RAE: "ser orgánico que vive, siente y se mueve por propio impulso" (6 minutos)

2. Se les preguntó, mostrándoles la foto de un gato ¿Qué es? Relacionando cada respuesta con los conceptos atribuidos anteriormente a la "persona". Por ejemplo, animal...¿No somos también animales? ¿Cuál es la diferencia esencial entre una "persona" y un "animal"? (15 minutos)

3. Escribimos la pregunta ¿Quién soy? En relación con qué soy (persona) está el cómo soy esa persona, soy una persona de un modo concreto. El carácter. Cabe preguntarse, ¿elegimos nuestro carácter, nuestro modo concreto de ser personas, o lo heredamos? ¿qué podemos elegir de lo que somos? ¿somos sólo lo que elegimos? (15 minutos)

4. ¿Se puede cambiar lo que se es? ¿Puede una persona, por ejemplo, simpática y antipática? Entonces, no somos individuos, porque podemos dividirnos, no somos sólo uno. ¿Somos sólo uno o varios a la vez? (6 minutos)

5. En ese momento cada uno de ellos pudo ofrecer su propia definición de persona. (5 minutos).

Alguno de los resultados con el grupo de doce fueron los siguientes:

En esta línea, comenzamos lanzando la pregunta "¿Qué somos?", a lo que todos tuvieron oportunidad de responder. Es interesante la contraposición que se produjo entre dos de los alumnos. Adrián contestó sin vacilar que "somos seres creados por Dios", a lo que Andrea no dudó en responder inmediatamente "no somos seres creados por Dios, yo creo en la definición científica". Sin saberlo estaban retomando el debate entre el creacionismo y la teoría de la evolución y, de nuevo, imitando la postura general de los adultos: pensar que ambas definiciones son incompatibles y que, por ello, una de las dos no debe ser respetada. Andrea no se percató en un primer momento, pero ella misma había usado el verbo "creer". Este dato, aparentemente irrelevante, consiguió que comenzásemos una nueva discusión y que ambos pudiesen consensuar. Y es que, ya decía Ortega eso de que "las ideas se tienen; en las creencias se está" (Ortega y Gasset, 1995, p. 23.)

Intenté hacerles discutir acerca de la comparación entre ambas afirmaciones, a saber, "somos seres creados por Dios" y "somos Homo Sapiens". Pudimos problematizar y ellos mismos concluyeron que ambas formas de describir dependían de la cultura, el lenguaje y el modo de entender el mundo. Por tanto, debían respetar la afirmación del otro, pues no pudiendo falsarse ninguna de las dos por depender directamente de las creencias de los propios hablantes, aquella otra afirmación, a priori tan distante de la propia, era igualmente razonable.

> Esas ideas que son, de verdad, « creencias »constituyen el continente de nuestra vida y, por ello, no tienen el carácter de contenidos particulares dentro de ésta. Cabe decir que no son ideas que tenemos, sino ideas que somos. Más aún; precisamente porque son creencias radicalísimas se cofunden para nosotros con la realidad misma-son nuestro mundo y nuestro ser-, pierden, por tanto, el carácter de ideas, de pensamientos nuestros que podrían muy bien no habérsenos ocurrido. (...) la verdad o falsedad de una idea es una cuestión de « política interior » dentro del mundo imaginario de nuestras ideas. Una idea e verdadera cuando corresponde a la idea que tenemos de la realidad. Pero nuestra idea de la realidad no es nuestra realidad. (Ortega y Gasset, 1995, p.p 24-25 y 29.)

El cuadro de características que hicieron entre todos quedó así:

¿QUÉ SOMOS?	¿QUÉ ES?	DIFERENCIA ENTRE ANIMALES Y PERSONAS.
Homo Sapiens	Animal	Palabras-lenguaje
Personas	Ser vivo	Utensilios-técnica
Humanos	Mamífero	Sentimientos
Más inteligentes y menos fuertes que otros seres anteriores	Ágil	Las personas dicen lo que quieren cuando quieren en contraposición a los loros que, usando palabras, sólo repiten
Una evolución del mono	Consumidores de paté	Trabajamos
Un conjunto de células	Independientes	Tenemos obligaciones
Seres creados por Dios	Agresivos	Tenemos hobbies
Mamíferos	Solitarios	Somos más libres

Animales	Animales domésticos	Somos capaces de obedecer a diferencia de los animales salvajes
Terrícolas	Nocturnos	
Seres con capacidad de asir	Inteligentes	
Bípedos	Odio al agua	
Tenemos unos cerebros mayores que nuestros antepasados	Tienen cuatro patas	

Resulta muy relevante que los niños apuntaran características específicas de los seres humanos como el ocio, las obligaciones, el trabajo o la técnica. Pero si hemos de destacar una parte de la discusión es la que se desarrolló en torno al lenguaje. Uno de los niños apuntó como rasgo exclusivamente humano el uso de las palabras. Sin embargo, una compañera recordó que los loros también las usaban. Entre todos buscaron la diferencia que podría existir entre la actividad que realizan los loros y la de las personas y concluyeron que ésta radica en el hecho de que el loro únicamente repite lo que oye. "Los loros no expresan, sólo repiten", alegó un alumno. Dado que una de las tareas del "filósofo para niños" es problematizar, les pregunté acerca del método que usaban ellos mismos cuando estudian para un examen, a lo que contestaron que no somos tan distintos de los loros.

En cuanto a los deberes, una de las frases más llamativas fue "los animales tienen derechos, pero la diferencia es que no tienen deberes". "Nosotros somos más obedientes, los gatos no vienen cuando se les llama, pero nosotros venimos todos los días al colegio porque nos obligan a hacerlo", apuntó uno de ellos.

Cuando nos adentramos más concretamente en la segunda parte de la sesión, les pregunté a cada uno "¿Quién eres?" "¿Qué te diferencia de las otras personas?" "o, ¿somos todos iguales?" La reflexión giró en torno a sus respuestas, donde apuntaron que lo que les diferencia de los otros es "la forma de ser", "los gustos", "el sexo", "la sensibilidad" y "los sentimientos". Sin embargo, una de las alumnas quiso agregar: "pero todos somos personas".[5]

Discusión y conclusiones

Podemos concluir que el método conjunto de Flipped Classroom y FpN puede ser un modo que favorece no sólo la mayor intervención del alumnado en el proceso de aprendizaje, sino también un mayor esfuerzo del profesorado por ser crítico y no conformarse con el contenido muerto, y a veces escasamente creativo, de los libros de texto y sus actividades. Pero no sólo es un método excelente para realizar en las aulas de colegios e institutos, sino también en las Universidades. Y es que la incorporación al Espacio Europeo de Estudios Superiores ha supuesto un cambio enorme en los estudios universitarios, y, con la adopción del Plan Bolonia, todo plan de estudios debe conducir a que el alumno adquiera las competencias prácticas propias del título. De este modo, la incorporación de las TICs a las clases del profesor de Universidad favorece el cambio metodológico necesario para la adecuación al perfil de competencias definido. (Íñigo, 2015, p. 478)

Finalmente, podemos decir que la propuesta que aquí traemos es un método conjunto para la aplicación en lo académico y personal no sólo de los alumnos, sino que supone, sobre todo, un reto vital (de transformación existencial) para el resto de la comunidad educativa.

---

5 El diálogo fue mucho más extenso y fructífero, pero no resulta éste el lugar indicado para indagaciones filosóficas, que sí se pueden encontrar en el trabajo de la autora Filosofía para Niños y Cultura de Paz disponible en la web y de donde se ha extraído el resumen de estas reflexiones: http://ro-din.uca.es/xmlui/handle/10498/16852

Referencias bibliográficas

Barros, R. (2013)"Contribuciones del pensamiento freiriano a la educación" en VV.AA, Filosofía para niños y capacitación democrática freiriana, Madrid: Liber Factory

Beuchot, M. (2005). Tratado de Hermenéutica analógica, México: Colección Seminarios, Facultad de Filosofía y Letras, UNAM

Carrillo, M. y Cascales, A. (2016). Flipped Classroom en el espacio de educación superior. EDUNOVATIC2016. Congreso Virtual Internacional de Educaicón, Innovación y TIC. Redine, 60-68.

De Bono, E. (1993). El pensamiento lateral. Manual de creatividad, Barcelona: Paidós

Gil, F. (2007). La condición posmoderna de la escuela. Tavira, 23, 41-66

Iñigo, Victoria. (2015). Flipped Classroom y la adquisición de competencias en la enseñanza universitaria online. Opción, 31, Especial 5, 472-479

Mariscal, S. (2014). Filosofía para Niños y Cultura de Paz. Repositorio de la Universidad de Cádiz Rodin. http://rodin.uca.es/xmlui/handle/10498/16852

Ortega y Gasset, J. (1995). Ideas y creencias, Madrid: Alianza

Planelles, M. (20 de Enero de 2014). Sevilla:El País. https://elpais.com//ccaa/2014/01/20/andalucia/1390242745_473725.html

Rodari, G. (2010). Gramamtica della fantasia. Introduzione all'arte di inventare storie, Trieste: Edizioni EL

Unesco. (2008). Inclusión y cultura de paz. Lecciones desde la práctica educativa innovadora en América Latina. Chile: Pehuén Editores

INNOVACIÓN EN EL APRENDIZAJE A TRAVÉS DE EXERGAMES: UNA NUEVA ERA PARA LOS NATIVOS DIGITALES

Alberto Ruiz-Ariza
Universidad de Jaén, España

Sebastián López-Serrano
Universidad de Jaén, España

Emilio J. Martínez-López
Universidad de Jaén, España

Resumen

Introducción. Actualmente los índices de éxito académico son bajos y los niveles de sedentarismo y desmotivación hacia la escuela están en aumento. Ante tal situación, son necesarias nuevas estrategias metodológicas activas, que permitan un adecuado desarrollo integral del alumnado. Estas deben ser atractivas y motivantes, a la vez que permitan contribuir a mejorar las competencias sociales, cognitivas y curriculares. Los Exergames (EX), podrían combinar a la perfección estos requisitos, a través del empleo lúdico-educativo de las nuevas tecnologías digitales. **Metodología.** Para ello, se realizó una búsqueda bibliográfica en cuatro bases de datos para conocer el efecto de los EX en los centros educativos. **Resultados.** El alumnado que practicó alguna modalidad de EX, mejoró significativamente en comportamiento en el aula, autoconcepto, funciones ejecutivas y condición física, en comparación con aquellos que no lo practicaron. **Conclusión.** Por lo cual, se determina que podrían ser un complemento ideal para el aprendizaje dentro del aula a través de las nuevas tecnologías.

Palabras claves

Exergames, Rendimiento Académico, Cognición, Actividad Física.

Introducción

Actualmente nos encontramos en una sociedad en la que los métodos tradicionales de enseñanza han demostrado sus limitaciones para lograr aprendizajes significativos y funcionales. Los bajos índices de éxito académico y elevados niveles de sedentarismo y desmotivación hacia la escuela están en aumento. Lo cual supone un gran problema que la sociedad debe afrontar para revertir tal situación. Según el reciente Informe Pisa, llevado a cabo durante el año 2015 (Ministerio de Educación, Cultura y Deporte, 2016), los adolescentes españoles se encuentran en la media de la Organización para la Cooperación y Desarrollo Económico (OCDE) respecto a los resultado de Rendimiento Académico (RA). Este factor también viene motivado debido a la bajada de la media de los países perteneciente a la misma organización.

Para ello, la búsqueda de nuevas estrategias o de métodos didácticos alternativos puede ser de gran utilidad para dar respuesta a las necesidades educativas que hoy en día se demandan, las cuales permitan un desarrollo integral de las personas. En este caso, y bajo la creciente demanda y uso de las nuevas tecnologías de la información y la comunicación (TICS), pueden resultar gratamente útiles y aplicables para permitir nuevos métodos de enseñanza-aprendizaje a su vez de manera más dinámica y motivante, ofreciendo un mayor abanico de oportunidades y atracción del alumnado hacia la actividad educativa.

Actualmente existe un creciente número de estudios que han incluido los Exergames (EX) en la dinámica del Centro Educativo, principalmente en las clases de Educación Física. Los EX hacen referencia a un formato de videojuego interactivo que combina la Actividad Física (AF) y el juego. Los EX interpretan los movimientos corporales traduciendo el movimiento en tres dimensiones generando una conexión motriz entre el jugador y la aplicación. Además, permiten fomentar el aprendizaje mediante desafíos a múltiples niveles de experiencia y favorece las relaciones sociales entre compañeros (Roemmich, Lambiase, McCarthy, Feda y Kozlowski, 2012), incrementando tanto el nivel de AF del jugador (Nukkala, Kalermo y Jarvilehto, 2014) así como el gasto calórico (Barnett, Cerin y Baranowsky, 2015). También se conocen los beneficios que conlleva la práctica de esta modalidad sobre aspectos cognitivos y de rendimiento académico (RA) (Staiano y Calvert, 2011). Cada vez más creciente que este tipo de actividades se oferten en los recreo o al terminar la jornada escolar a modo de actividades complementarias, puesto que los beneficios que ofrecen son muy atractivos para la comunidad educativa.

Por ello, podrían tener un impacto muy positivo en la promoción de AF, disminuyendo la tendencia sedentaria perjudicial para el organismo. Involucrar a los jóvenes en la práctica activa de AF mediante EX no es solo físicamente atractivo sino que se trata de actividades cognitivamente comprometedoras. Esta combinación de ejercicio físico y cognitivo puede ser una herramienta fundamental para revertir la inactividad física e incrementar el rendimiento cognitivo (Ruiz-Ariza et al., 2017a). Además, debemos destacar el aspecto motivacional y de atracción que los EX desempeñan, incitando al disfrute, promoción de la salud y las relaciones sociales.

Objetivos Generales

El presente trabajo se centra en mostrar las diferentes modalidades de EX actuales, su relación con el incremento de los niveles de condición física, y las mejoras derivadas en la cognición. Además, nos permitirá abordar nuevas metodologías educativas en las que los EX presenten un papel activo en la dinámica diaria escolar.

Método

Se realizó una búsqueda bibliográfica en cuatro bases de datos, en función de los criterios PRISMA, estableciendo de margen los últimos diez años. Un total de 8 estudios usaron EX dentro del Centro Educativo.

Tabla 1. Búsqueda en bases de datos.

Base de datos	Estrategias de búsqueda
PubMed	(((active video game OR dance simulation OR Pokémon GO OR Nintendo OR Wii OR PlayStation) AND (cognitive OR psychological OR academic OR cognition OR executive function)) AND (adolescents OR children)))
Sport Discus (EBSCO)	AB (active video game OR dance simulation OR Pokémon GO OR Nintendo OR Wii OR PlayStation) AND AB (cognitive OR psychological OR academic OR cognition OR executive function) AND AB (adolescents OR children)
Web of Science	Topic: (active video game OR dance simulation OR Pokémon GO OR Nintendo OR Wii PlayStation) AND Topic: (cognitive OR psychological OR academic OR cognition OR executive function) AND Topic: (adolescent OR children).
ProQuest	ab(active video game OR dance simulation OR Pokémon GO OR Nintendo OR Wii OR PlayStation OR) AND ab((cognitive OR psychological OR academic OR cognition OR executive function)) AND ab((adolescent OR children))

Los estudios seleccionados para su inclusión en este fueron revisados por los siguientes criterios: 1) el estudio debía de ser un texto completo publicado en una revista revisada por pares, 2) la población del estudio no debe de estar diagnosticada con ningún tipo de enfermedad, 3) Debe de estar claramente descrito, 4) la población era de niños o adolescentes entre 2 y 18 años de edad, 5) el estudio tenía un diseño transversal, longitudinal o de intervención, 6) los datos fueron ajustados por factores de confusión.

Resultados

Un total de 8 estudios estudiaron el efecto de los EX dentro de los Centros Educativos tanto en Educación Primaria como en Educación Secundaria. Los estudios variaron entre las 2 semanas y los 2 años, estableciendo una duración por sesión entre los 2 y 75 minutos con una intensidad moderadavigorosa (Staiano et al. 2012; Wagener et al. 2012; Gao et al. 2013a; Gao et al. 2013b; Flynn et al. 2014; Hilton et al. 2014; Sun y Gao 2015; Gao et al. 2016). Staiano et al. (2012), mostraron que los jóvenes que jugaron a Nintendo Wii de manera competitiva, durante 10 semanas, mejoraban las funciones ejecutivas respecto al grupo de EX cooperativo ($p=.020$) y respecto al grupo control que llevó a cabo tareas cotidianas ($p=.018$). Wagener et al. (2012), investigaron el efecto del Dance Dance Revolution durante 10 semanas. Encontraron que aquellos que utilizaron los EX mejoraban las relaciones parentales y autoconcepto respecto al grupo control que no practicón ninguna modalidad de EX ($p=.02$). Gao et al. (2013a) tras dos años de estudio, determinaron que el trabajo continuado con Dance Dance Revolution incrementaba los resultados en matemáticas respecto al grupo de control ($p=.01$). En un estudio similar (2013b), concluyeron también que tras 9 meses de intervención mejoraban el autoconcepto y disfrute ($p<.001$; $p<.01$, respectivamente) respecto al grupo basado en danza aeróbica. Para Flynn et al. (2014), los niños que jugaban 5 semanas a Nintendo Wii mejoraban sus funciones ejecutivas ($p<.05$), y aquellos que jugaron sesiones adicionales mejoraron aún más sus puntuaciones ($p<.001$). Por su parte, Sun & Gao (2015) realizaron un estudio durante 2 semanas en educación primaria. El grupo experimental tuvo una educación más activa llevada a cabo mediante el juego educativo Gamercize GZ mientras el grupo control se basó en el juego (Earth, Moon, and Sun. An interactive learning experience). Los dos grupos obtuvieron una mejor puntuación el los post-test realizados sobre rendimiento académico ($p<.001$), pero el grupo que practicó la modalidad de EX obtuvo un mayor interés por la actividad que estaban realizando ($p<.01$). Recientemente, Gao et al. (2016) observaron que después de 6 semanas de actividades con niños con diferentes EX (Nintendo Wii o Xbox) durante los recreos (50 min), mejoraban el comportamiento en el aula ($p<.01$.)

Discusión y conclusiones

La inserción de los EX en ambientes educativos, permite dinamizar la relación entre la práctica de ejercicio, la estimulación y motivación de tal manera que permita nuevos modelos educativos de manera innovadora, brindando nuevas experiencias mucho más satisfactorias. Esta herramienta podría ser planteada como un recurso de útil para los centros educativos, ideal para incluir en los recreos, clases de educación física o como actividades complementarias.

Además, estas nuevas estrategias son vehículos ideales para reducir las altas tasas de sedentarismo actual e influir de manera positiva en llevar un estilo de vida más saludable, puesto que favorece a incrementar el gasto calórico y reducir los altos niveles de sobrepeso y obesidad infantil y juvenil.

También permite incrementar la frecuencia cardiaca, mejorar la coordinación, etc. En definitiva, permite mejorar la condición física general de los usuarios que practican alguna modalidad de EX durante un periodo de tiempo, breve o duradero en el tiempo.

Si nos centramos en los aspectos cognitivos, el desarrollo de los EX supone una herramienta muy favorable para mejorar el propio rendimiento cognitivo y académico de los jugadores.

A modo de conclusión, la inclusión de esta modalidad de videojuegos activos se presenta como un gran atractivo para los discentes y los Centros Educativos. Además, es un buen medio para incrementar los niveles actuales de AF, con todos los beneficios que ello conlleva. Su propia inclusión en el ámbito educativo mediante nuevos modelos metodológicos también supone una gran revolución puesto que nos permite transformar el aula o la clase en nuevos espacios más originales y motivantes para la adquisición de las competencias clave, permitiendo un desarrollo más integral de las mismas y permitiendo una formación por parte del alumnado más real, favoreciendo a un correcto desarrollo intelectual, motriz, personal y social.

Referencias bibliográficas

Barnett, A., Cerin, E., & Baranowski, T. (2011). Active video games for youth: a systematic review. *Journal of Physical Activity and Health, 8*(5), 724-737.7

Flynn, R. M., Richert, R. A., Staiano, A. E., Wartella, E., & Calvert, S. L. (2014). Effects of exergame play on EF in children and adolescents at a summer camp for low income youth. *Journal of educational and developmental psychology, 4*(1), 209.

Gao, Z., Hannan, P., Xiang, P., Stodden, D. F., & Valdez, V. E. (2013). Video game–based exercise, Latino Children's physical health, and academic achievement. *American journal of preventive medicine, 44*(3), S240-S246.

Gao, Z., Lee, J. E., Pope, Z., & Zhang, D. (2016). Effect of Active Videogames on Underserved Children's Classroom Behaviors, Effort, and Fitness. *Games for Health Journal, 5*(5), 318-324.

Hilton, C. L., Cumpata, K., Klohr, C., Gaetke, S., Artner, A., Johnson, H., & Dobbs, S. (2014). Effects of exergaming on executive function and motor skills in children with autism spectrum disorder: a pilot study. *American Journal of Occupational Therapy, 68*(1), 57-65.

Nurkkala, V. M., Kalermo, J., & Jarvilehto, T. (2014). Development of exergaming simulator for gym training, exercise testing and rehabilitation. *Journal of Communication and Computer, 11*, 403-411.

Staiano, A. E., & Calvert, S. L. (2011). Exergames for Physical Education Courses: Physical, Social, and Cognitive Benefits. *Child Development Perspectives, 5*(2), 93–98. http://doi.org/10.1111/j.1750-8606.2011.00162.x

Sun, H., & Gao, Y. (2016). Impact of an active educational video game on children's motivation, science knowledge, and physical activity. *Journal of Sport and Health Science, 5*(2), 239-245.

Roemmich, J. N., Lambiase, M. J., McCarthy, T. F., Feda, D. M., & Kozlowski, K. F. (2012). Autonomy supportive environments and mastery as basic factors to motivate physical activity in children: a controlled laboratory study. *International Journal of Behavioral Nutrition and Physical Activity, 9*(1), 16.

Ruiz-Ariza, A., Grao-Cruces, A., Loureiro, N. E. M., & Martínez-López, E. J. (2017). Influence of physical fitness on cognitive and academic performance in adolescents: A systematic review from 2005–2015. *International Review of Sport and Exercise Psychology, 10*(1), 108–133. http://doi.org/10.1080/1750984X.2016.1184699

Wagener T, Fedele D, Mignogna M, Hester C, Gillaspy S. (2012). Psychological effects of dance bases group exergaming in obese adolescents. *Pediatric Obesity, 7,* e68-e74.

CAPÍTULO IV

GAMIFICACIÓN, PORTAFOLIO DIGITAL, CONTRATO ACADÉMICO Y RÚBRICA. ESTRATEGIAS PARA LA ADQUISICIÓN DE COMPETENCIAS

Mª Pilar Munuera Gómez
Facultad de Trabajo Social de la Universidad Complutense de Madrid (España)
Rafael Ruiz González
Universidad Complutense de Sevilla (España)

Resumen

Se presenta la experiencia desarrollada en el Grado de Trabajo Social donde se ha utilizado la gamificación en el aula. Esta estrategia ha sido evaluada de forma positiva por los estudiante, por facilitar la adquisición de conocimientos, activar su atención en la presentación de los mismos y corregir en el acto los errores asimilados siguiendo las experiencias de Cortizo, et al. (2011), Cruz, Fernández y Vaz de Carvalho (2013), y Lee &Hammer (2011)

El proceso de enseñanza-aprendizaje basado en competencias tiene que adaptarse a las características de los estudiantes universitarios. En la actualidad los estudiantes que están en las aulas pertenecen a la llamada "generación Y" o "millennials", que se caracteriza por sus habilidades digitales. Esta realidad lleva a la utilización de plataformas que activen la motivación al aprendizaje. La gamificación activa vinculada a otras estrategias educativas ayuda de forma positiva a la participación del estudiante. Estas plataformas educativas de juego permiten generar un ambiente motivador al conocimiento y conocer al instante la evaluación de los contenidos asimilados. El uso de estas plataformas permite al profesor crear una base de preguntas, y tener los resultados categorizados al instante de su realización, procesos que facilitan.

Estas estrategias unidas al contrato académico, la rúbrica y el portafolio (Galván, C. et al. , 2015), aumentan la motivación y la capacidad de autoevaluación con criterios objetivos en los estudiantes.

Palabras claves

Gamificación, Evaluación, contrato académico, rúbrica, rigor científico.

Introducción

El docente universitario tiene que vincularse a la cultura de los estudiantes que tiene en su aula y superar aquellos obstáculos que evidencian las ventajas de la implementación curricular del juego en contextos educativos formales y no formales (Dicheva el al., 2015; Fleischmann & Ariel, 2016; Gómez, 2014; Pagès, Cornet, y Pardo, 2011). En este sentido se hace necesario disponer de estrategias para optimizar la adquisición de las competencias señaladas en los planes de estudio diseñados bajo las directrices del Espacio Europeo de Educación Superior (EEES) (Munuera y Navarro, 2015).

La creatividad del docente en el contexto educativo, permite generar la metodología que desarrolla la motivación del estudiante en su proceso de aprendizaje. En este sentido De la Torre (2003), considera que importante educar en la creatividad, para que el ser humano adquiera desde sus primeros años de vida un protagonismo y un valor social con el que pueda aportar al progreso y al cambio, siempre respetando la igualdad y sana convivencia. Los profesores universitarios pueden utilizar la gamificación y los juegos que considere como recursos en sus clases, con el fin de captar la atención, participación y consolidación de la adquisición de contenidos por sus alumnos.

Los jóvenes millennials se caracterizan por haber nacido en los años comprendidos entre 1980-2000 aproximadamente. En esta definición se quiere agrupar a los jóvenes que no han conocido este mundo sin Internet, pero tampoco sin ordenadores de mesa o portátiles, y por supuesto, un mundo sin teléfono móvil (Gardner y Davis, 2014: 16). Estos jóvenes de esta generación llamados también "generación Y", suelen tener dificultades para desvincularse de la "vida digital", a diferencia de la "generación X" que no crea ninguna vinculación entre la vida real o vida cotidiana y la digital (Ruiz et al., 2016). Estos jóvenes pertenecen a una población digital nativa, que no sabe vivir sin estar conectados a la red, su conexión a la red es continua, no han conocido otro escenario, ni piensan que pueda producirse. Estas características facilitan la utilización de cualquier recurso que se vincule a la gamificación en el aula para afianzar los progresos en su proceso de enseñanza.

El clima del aula que genera permite la adquisición de las competencias que están relacionadas con la empleabilidad de los estudiantes, como son: "capacidad para tomar decisiones", "dominio de las competencias específicas de la titulación", "innovación", "compromiso ético en el trabajo" y "habilidad para trabajar de forma independiente" (Martín, 2016). Es decir, aquellas que están relacionadas con la adquisición de competencias transversales de trabajo en equipo, trabajo en equipo interdisciplinar y habilidades de relaciones interpersonales (García-Sampedro, 2013). Silberman (1998) señala que cuando el aprendizaje es activo, el alumno.

Parece ser que la primera vez que se utiliza la palabra gamification es en 2003, cuando Nick Pelling funda la consultora Conundra, que ofrece precisamente utilizar las mecánicas de juego como recurso para vender productos de consumo (Carreras, 2017: 109). A pesar de que aparece ligada al mundo del marketing, pronto se extiende a otros sectores por sus buenos resultados: el trabajo, la educación, la cultura, la investigación científica, etc. Las investigaciones realizadas en gamificación presentan valoraciones positivas o muy positivas respecto a las TIC como herramientas docentes así como la conveniencia de potenciar la capacitación y perfeccionamiento en tales recursos en la formación del profesorado. Asimismo, se han observado importantes lagunas respecto de las nuevas metodologías activas como la gamificación y los Transmedia a pesar de ser consideradas por el alumnado participante, como necesarias para desarrollar una adecuada función docente que pueden verse reforzadas por el portafolio digital, el contrato académico y la rúbrica.

La gamificación (Renaud & Wagoner, 2011) o ludificación de contenidos histórico-sociales favorece el desarrollo del pensamiento creativo en la resolución de problemas, el aprendizaje de la empatía histórica, las habilidades de comunicación interpersonal y el trabajo cooperativo-colaborativo (Ayén, 2017; Español, 2017). La gamificación lleva a la utilización de las técnicas de diseño del mundo de los videojuegos para conducir al usuario a través de acciones predefinidas y manteniendo una alta motivación (Contreras & Eguia, 2016: 11).

La docencia se transforma en su proceso final, en primer lugar se ofrece la explicación del tema por parte del profesor y en un segundo lugar se utilizan plataformas que ayudan a formular preguntas y en este sentido permiten jugar para afianzar los conocimientos. El juego facilita el desarrollo de respuesta desde el pensamiento vertical que selecciona un camino mediante la exclusión de otros caminos y bifurcaciones. El pensamiento lateral no selecciona caminos, sino que trata de seguir todos los caminos y de encontrar nuevos derroteros. En el pensamiento vertical se selecciona el enfoque más prometedor para la solución de un problema; en el pensamiento lateral se buscan nuevos enfoques y se exploran las posibilidades de todos ellos (de Bono, 1997: 47). La utilización de este tipo de pensamiento favorece el desarrollo de competencias clave señaladas por la Comisión Europea (CE) en 2007 entre las que se encuentran: el pensamiento crítico, la creatividad, la capacidad de iniciativa, la resolución de problemas, la evaluación del riesgo, la toma de decisiones y la gestión constructiva de los sentimientos (CE, 2007: 3). Por ello se hace necesario utilizar estrategias innovadoras como puede ser el uso de metodologías del juego como un excelente modo de incrementar la concentración, el esfuerzo y la motivación fundamentada en el reconocimiento, el logro, la competencia, la colaboración, la autoexpresión y todas las potencialidades educativas compartidas por las actividades lúdicas (Sánchez, 2015: 13). Las reflexiones de Gimeno (2005) siguen esta línea de reforma, siempre que se consideren los riesgos y se apoyen las condiciones necesarias como sería la evaluación participativa.

La experiencia en la utilización de Kahoot en la docencia, como herramienta que permite crear juegos de preguntas y respuestas de forma muy intuitiva y al mismo tiempo ofrece el ranking de respuestas de los participantes, ha sido muy satisfactoria en la mayoría de los alumnos. Su aplicación ha permitido el aprendizaje de los contenidos fijados y la creación de un ambiente descongestionado por ser un juego tremendamente fácil de utilizar.

La rápida evaluación de las respuestas dadas permite la transparencia de las calificaciones y la revisión de los conceptos, subsanando los errores o dudas en el momento. La visualización de los resultados de los estudiantes en primeras posiciones, es un elemento que incentiva al resto del grupo que se motiva en aprender para superar y alcanzar las primeras posiciones.

Esta herramienta ha sido utilizada también en las exposiciones de los trabajos grupales aumentando la atención en las exposiciones para poder dar respuesta acertada en las preguntas generadas, sistema que ha activado la participación grupal y la participación activa de la mayoría.

El disponer de una base de preguntas en el perfil de Kahoot del profesor ayuda al profesor en su planificación docente y una vez creada la base de preguntas se puede disponer de ellas de forma rápida y eficiente (Ver figura 1).

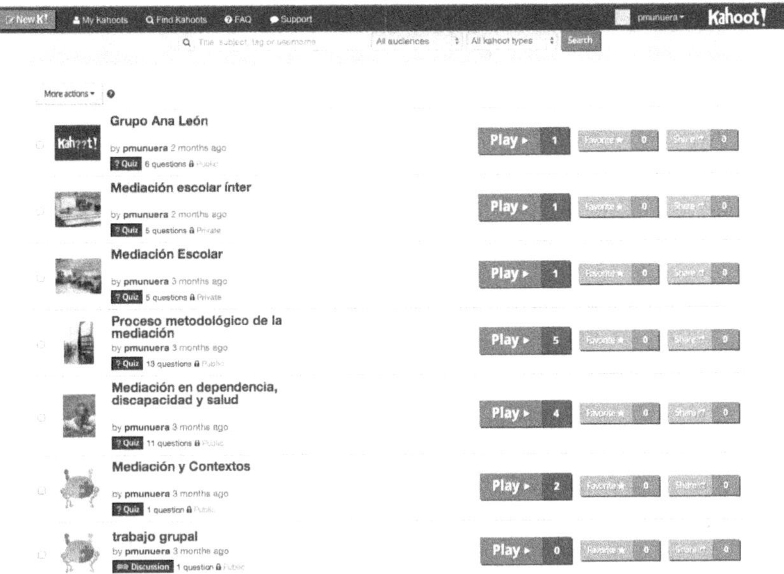

Figura 1. Base de datos de preguntas de Kahoot de la asignatura de Trabajo Social y Mediación[6].

Existen otros recursos o herramientas que permiten esta gamificación, como:

1. La App Brainscape, plataforma con mayor cantidad y variedad de tarjetas digitales que permite reforzar los contenidos impartidos.

2. Knowre-ipadknowre, plataforma sobre álgebra y geometría, refuerza la docencia más formativa.

3. Cerebriti, que es una plataforma de juegos con dos vertientes: por un lado, los alumnos creen sus propios juegos educativos y por el otro, posibilita que jueguen con los creados por otros usuarios (o por los profesores) para afianzar conocimientos.

4. Pear Deck, mientras el profesor imparte el tema los estudiantes pueden ir recibiendo contenido en sus dispositivos, como por ejemplo preguntas, imágenes o cualquier tipo de material de apoyo. Su objetivo es convertir las clases en bidireccionales para aprovechar las explicaciones al máximo.

5. Edmodo, casi una red social pero con fines educativos, crea retos y ejercicios y asigna menciones a múltiples estudiantes, no sólo al

---

6 https://kahoot.com

mejor: a la solución más creativa o ingeniosa, al que más se lo haya currado, al mejor proyecto colaborativo, a criterio más motivador.

6. ClassDojo, tiene la capacidad de informar a los profesores y padres de los avances de los alumnos.

7. Quizlet, plataforma gratuita de "flashcards" o "unidades de estudio" facilita la posibilidad de crear tus propios packs de tarjetas como utilizar las que hayan sido elaboradas por otros.

8. Toovari, plataforma multijugador, tiene un sistema de evaluación y comunicación con los padres y aprovechar al máximo las nuevas tecnologías.

9. Play Brighter es una plataforma en la que podrás crear tu propio entorno online de aprendizaje, personalizado a tus gustos y necesidades de forma gratuita y muy personalizable.

Entre las plataformas que además están próximas a videojuegos están entre otras:

1. Minecraft: Education, es buen ejemplo de videojuego para la enseñanza.

2. ClassCraft, es casi un videojuego, una plataforma tremendamente visual y atractiva que permite crear un mundo de personajes que tendrán trabajar de forma colaborativa para aprender y desarrollar su conocimiento a la vez que jugar para que gane su equipo.

3. CodeCombat, un videojuego para aprender a programar donde se resuelven retos y problemas a través de códigos.

4. The World Peace Game, es un juego que tienen el objetivo de salvar las problemáticas presentadas a través de algo muy parecido a un "juego de rol en vivo".

5. ChemCaper, una app disponible que pasa por ser un videojuego que enseña los fundamentos de la química, instrumentos, técnicas de experimentos y mucho más.

Estos recursos facilitan la adquisición de las siguientes competencias transversales: el trabajo en equipo, la toma de decisiones, negociación y compromiso para cumplir lo acordado– sugeridas bajo las directrices de la reforma de la enseñanza universitaria (Bretones, 2008: 182).

La gamificación viene a ser una estrategia más que se integra al proceso de enseñanza aprendizaje diseñado desde la utilización del contrato académico, la rúbrica y el portafolios de la asignatura por parte del estudiante. La evaluación conlleva un paradigma circular sustentado en la evaluación 360º que conlleva la implicación de un pensamiento vertical por favorecer el engranaje de la lógica del encadenamiento de las ideas, a diferencia del pensamiento lateral donde lo esencial es la efectividad en sí de las conclusiones. En este sentido se ha considerado necesario la unión de varias estrategias para la adquisición de competencias como son: la gamificación, el portafolios digital, el contrato académico y la rúbrica. Los estudiantes aprenden por ellos mismos, construyen el andamio o estructura de sus conocimientos, e incluso perfeccionan los que han adquirido previamente, perfeccionándolos, reordenándolos, etc. Es decir, cuando reflexionan, razonan y obtienen conclusiones (Bain, 2007), adquieren las competencias de un conocimiento científico y profesional de su perfil profesional y académico. Este aprendizaje puede ser más activo cuanto más significativo sea la comprensión de lo que se está aprendiendo (Hazzan, Lapidot y Ragonis, 2011).

Objetivos Generales

Los objetivos de este proyecto han estado vinculados a lograr

1. la participación activa del estudiante en su proceso de aprendizaje a través de la utilización de la gamificación en el aula.

2. la adquisición de competencias vinculadas al perfil profesional desde la utilización del contrato académico, la rúbrica y el portafolio digital.

3. la promoción de la capacidad emprendedora de los estudiantes del Grado de Trabajo Social como eje transversal del proyecto.

4. Conectar a los estudiantes con su futura inserción laboral desde la orientación y planificación en relación a las líneas estratégicas financiadas por Europa en la construcción de una ciudadanía más solidaria en cuestiones relativas al desarrollo, la cultura, la paz el medio ambiente, etc. especialmente en las generaciones más jóvenes que configuran la futura sociedad.

Este proyecto está en la línea de la innovación docente realizado por un grupo de profesores consolidado en docencia e investigación que apuesta por la innovación desde 2004, formado por profesores de la Facultad de Trabajo Social (UCM) y de distintas universidades nacionales que se preocupan por desarrollar planes de innovación que implementen la formación de los estudiantes con el fin de proporcionarles su futura incorporación laboral.

Método

A partir de la revisión de la literatura y fundamentalmente del debate y discusión de resultados de las investigaciones en torno a la utilización de la gamificación en la universidad se ha buscado realizar su conceptualización y justificar sus posibilidades de aplicación y utilidad en el grado de Trabajo Social. Los estudiantes de la asignatura de Mediación y Trabajo Social del curso 2016-2017 han fortalecido la comprensión y manejo de los contenidos determinados en la guía de la asignatura, a través de la utilización de herramientas de gamificación que han facilitado la comprensión y asimilación de contenidos y la motivación en el aula. La participación activa de los estudiantes favorece la adquisición de competencias profesionales (Gómez, 2010: 62). Esta participación consigue que los alumnos sean sujetos de su proceso de aprendizaje y desarrollo formativo en la adquisición de competencias.

Los estudiantes de esta asignatura están matriculados en el 3 curso del grado de Trabajo Social han evaluado positivamente la utilización por parte del profesor. Esta herramienta ha sido utilizada por los mismos en sus exposiciones grupales en el aula consiguiendo aumentar la atención en las exposiciones y el nivel de participación a través de preguntas y sugerencias. Evaluaciones que han quedado en el portafolio de la asignatura que ha permitido la recolección periódica de los avances en la práctica, donde se miden los resultados a través de indicadores (Athié et al. 2015: 81).

Resultados

Los estudiantes han evaluado positivamente la adquisición de las competencias de la asignatura a través del uso de la gamificación o ludificación en el aula. Esta línea de trabajo permiten promover el desarrollo de la ciencia y la tecnología y llevar al mismo tiempo acciones de corte humanístico que conduzcan a la formación integral y de ciudadanía de los estudiantes (UNESCO, 1997). La consideración de la Educación Superior como bien público debe tener repercusiones en la orientación de las actividades de todos los actores sociales que intervienen (directivos, académicos, estudiantes, administrativos, etc.), para asumir los distintos roles a desempeñar con un claro compromiso social y una alta responsabilidad.

Esta participación consigue que el/la alumna sean sujetos de su proceso de aprendizaje y desarrollo formativo, en la adquisición de competencias. Este proceso utiliza la rúbrica y el contrato académico en el siguiente proceso:

- En primer lugar. La planificación del trabajo individual a realizar por el estudiante establecido en la guía docente de la asignatura. Planificación de las tareas a través de un cronograma de la asignatura donde se fijan los tiempos de los contenidos, la entrega y presentación de los trabajos para obtener una evaluación positiva. Los/las estudiantes cuentan con una rúbrica que fija las características del trabajo y los ítems de evaluación de sus trabajos por parte del profesor. Se explican los criterios de evaluación que aparecen en la rúbrica y se hace hincapié en los instrumentos de evaluación a utilizar por los estudiantes disponibles en el campus virtual de la asignatura.

En esta etapa se introduce un "contrato académico" individual donde figura el grado de responsabilidad con las tareas a realizar y el compromiso ético respecto a la realización de su trabajo. Este compromiso ético conlleva "no plagiar ningún documento o trabajo que el estudiante entregue para su evaluación" (Munuera y Navarro, 2015).

- En segundo lugar. Se facilitan directrices para la utilización de bases de datos científicas para la búsqueda de artículos en revistas científicas relacionadas con los temas tratados en la asignatura. Los materiales de lecturas y videos, tutorías, debates, etc. forman parte del proceso de adquisición de los contenidos fijados que son evaluados por los estudiantes en su totalidad.

- En tercer lugar se da a conocer recursos web que ayudan a conseguir aumentar su capacidad en la elaboración de trabajos científicos como son los cursos MOOC, o web de ayuda a la redacción de trabajos científicos como ArText[7].

En segundo lugar, la participación desde el modelo de "evaluación 360°", donde se analiza los puntos fuertes y débiles del proceso de enseñanza–aprendizaje generando propuestas de mejora en la organización y desarrollo de la asignatura. Este proceso se lleva a cabo en un espacio de diálogo y debate sobre las temáticas presentadas en la asignatura.

Este proceso de aprendizaje se puede mantener a través del portafolio como herramienta que registra el aprendizaje conseguido por el estudiante, donde se introduce una reflexión continua sobre los contenidos de la asignatura, reforzada con la utilización de bibliografía complementaria (Rodríguez, 2011 y Del Pozo, 2012).

El portafolio guarda los contenidos asimilados por el estudiante en relación a las competencias y resultados de aprendizaje fijados (Rodrígues, 2013; Rodríguez Illera et al., 2013 y Zubizarreta, 2009). El uso del portafolio es un intento de establecer un modelo competencial de formación basado en el aprendizaje autónomo y significativo. Esto implica una metodología de

---

7 Ese sistema es un editor en línea que ayuda a estructurar el documento, asignar títulos a los apartados, añadir contenidos prototípicos e incorporar fraseología relacionada con el texto. Además realiza una revisión lingüística, sugerencias relacionadas con el léxico y el discurso. Información disponible en http://sistema-artext.com/#about

adquisición y elaboración de contenidos seleccionados por el estudiante, poniendo el énfasis en la evaluación formativa para orientar hacia nuevos o futuros aprendizajes.

El portafolio es el documento donde el estudiante reflexiona sobre su proceso de enseñanza-aprendizaje. El alumno es el sujeto activo que prioritariamente asume el proceso de recogida de la información pertinente sobre sus actuaciones y quien tiene el derecho y la responsabilidad de demostrar su aprendizaje (Sentieri y Domingo, 2012: 1094), guiado por la rúbrica y el contrato académico que recoge su compromiso ético.

Discusión y conclusiones

Los estudiantes que han cursado la asignatura han valorado positivamente la utilización de la gamificación en el aula.

La posibilidad de contar con instrumentos como la rúbrica, el portafolio y el contrato académico, ayudan a la compresión de diversos procesos como: estructurar trabajos científicos, facilitan la toma de decisiones, gestionan de forma eficaz el tiempo, clarificar criterios de evaluación, motivar el compromiso hacia el logro de las competencias transversales planteadas.

El desarrollo de competencias transversales que involucran aspectos cognitivos, de organización del tiempo, de asignación de tareas, de reelaboración de contenidos, constituyen una herramienta fundamental en la formación de profesionales.

Los profesionales del área social necesitan aproximarse a la investigación y publicación de su actividad profesional con el fin sistematizar sus experiencias y posibilitar el avance científico de la profesión.

El portafolio construido por el estudiante viene a ser la fuente de información de los contenidos adquiridos por el estudiante y/o su construcción teórica de los contenidos de la asignatura cursada por el alumno.

Los estudiantes aprenden a evaluarse con igual o superior precisión que el docente. Esta autoevaluación desarrolla la responsabilidad en el aprendizaje de competencias y produce una mayor satisfacción en el estudiante gracias a la utilización del contrato académico y la rúbrica.

Referencias bibliográficas

Athié, C. et al. (2015). Proyecto educativo en morbimortalidad del mexicano como un ejemplo de la universidad del paciente. En Fidalgo, A. et al. (2015). *La sociedad del Aprendizaje. Actas del II Congreso Internacional sobre Aprendizaje, Innovación y competitividad. CINAIC* 2015. Madrid: Fundación Gral. de la Universidad Politécnica de Madrid.

Ayén, F. (2017). ¿Qué es la gamificación y el ABC?. Iber. *Didáctica de las Ciencias Sociales, Geografía e Historia*, Vol. 86, 7-15.

Bain, K. (2007). *Lo que hacen los mejores profesores universitarios.* Valencia (España): Universidad de Valencia.

Bretones, A. (2008). Participación del alumnado de Educación Superior en su evaluación. *Revista de Educación*, 347, 181-202.

Pagès, T. Cornet, A. y Pardo, T. (Eds.) (2011). *Buenas prácticas docentes en la universidad. Modelos y experiencias en la Universidad de Barcelona* (pp. 143- 152). Barcelona: Octaedro

Carreras, C. Del Homo Ludens a la gamificación. *Quaderns de filosofia*, Vol. 4, nº. 1, 107-118.

Contreras, R. S. & Eguia, J. L. (Eds.) (2016). Gamificación en aulas universitarias. Bellaterra: Institut de la Comunicació, Universitat Autònoma de Barcelona.

Cortizo, José Carlos, et al. (2011). Gamificación y Docencia: Lo que la Universidad tiene que aprender de los Videojuegos", En *VIII Jornadas Internacionales de Innovación Universitaria. Retos y oportunidades del desarrollo de los nuevos títulos en educación superior*. Disponible en http://www.josek.net/publicaciones/JIU2011-Preprint.pdf

Cruz-Lara, L., Fernández-Manjon, B. y Vaz de Carvalho, C. (2013). Enfoques Innovadores en Juegos Serios. *IEEE VAEP RITA* 1, 19-21 Disponible en http://hal.inria.fr/docs/00/82/03/50/PDF/VAEP-RITA.2013.V1.N1.A4.pdf

De Bono, E. (1997). *El pensamiento lateral. Manual de creatividad.* Buenos Aires: Paidós

De la Torre, S. (2003). *Dialogando con la creatividad. De la identificación a la Creatividad Paragógica.* Barcelona: Octaedro.

Del Pozo, J.A. (2012). *Competencias profesionales. Herramientas de evaluación: el portafolios, la rúbrica y las pruebas situacionales.* Madrid: Narcea.

Dicheva, D. Dichev, C. Agre G., & Anggelova, G. Gamification in education: A systematic mapping study. *Educational Techonology &Society,* 18(3), 75-88.

Domínguez et al. (2015).Propuesta para una doble evaluación tríadica del Prácticum del Máster de Educación Secundaria. En Fidalgo, A. et al. (2015). *La sociedad del Aprendizaje. Actas del II Congreso Internacional sobre Aprendizaje, Innovación y competitividad. CINAIC 2015.* Madrid: Fundación Gral. de la Universidad Politécnica de Madrid.

Español, D. (2017). El juego: creatividad y autodeterminación. Iber. *Didáctica de las Ciencias Sociales, Geografía e Historia,* Vol. 86, 45-49.

García-Sanpedro, M. J. (2013). *Evaluar la integración de las competencias en la universidad.* Bilbao: Ed. Mensajero.

Gardner, H., y Davis, K. (profesora). (2014). *La generación app: cómo los jóvenes gestionan su identidad, su privacidad y su imaginación en el mundo digital.* Barcelona: Paidós.

Gimeno, J. (2005). *La educación que aún es posible.* Madrid: Morata.

Gómez, M. C. (2014). Ciencias sociales y gamificación, ¿una pareja con futuro? En J. Pagés &A. Santiesteban (eds.). *Una mirada al pasado y un proyecto de futuro. Investigación e Innovación en Didáctica de las Ciencias Sociales.* Barcelona: Universitat Autónoma de Barcelona-AUPDCS. pp. 257-262.

Gómez Gómez, F. (2010). Competencias profesionales en Trabajo Social. *Portularia,* vol. X (2), 2010 pp. 51-63.

Hazzan, O.; Lapidot, T. y Ragonis, N. (2011). *Guide to teaching Computer Science. An activity based-approach.* London (Gran Bretaña): Springer-Verlag.

Lee, J. J. & Hammer, J. (2011). Gamification in Education: What, How, Why Bother? Academic Exchange Quarterly, 15(2), pp. 1-5.

Martín, C. (2016). *Análisis del impacto de las competencias de empleabilidad en el empleo de los titulados universitarios en España.* Tesis inédita. Madrid: Departamento de Economía y Hacienda Pública de la Universidad Autónoma de Madrid.

Munuera, M. P. y Navarro, E. (2015). Innovación en la Evaluación de Competencias Transversales. El Instrumento PIAESCE. *Opción*, Año 31, Nº. Especial 1, pp. 510–528.

Rodríguez, M. (2011). Metodologías Docentes en el EEES: De la clase magistral al portafolio. *Tendencias pedagógicas*, 17, 83-103.

Rodrigues, R. (2013). *El desarrollo de la práctica reflexiva sobre el quehacer docente, apoyada en el uso de un portafolio digital, en el marco de un programa de formación para académicos de la Universidad Centroamericana de Nicaragua*. Memoria para optar al título de Doctor. Teoria i Història de l'Educació, Universitat de Barcelona, Barcelona.

Rodríguez Illera, J. L., Galván, C., Martínez, F. (2013). El portafolios digital como herramienta para el desarrollo de competencias transversales. Teoría de la Educación. Educación y Cultura en la Sociedad de la información, vol. 14 (2), 157-177.

Ruiz, S., Ruiz, F.J. y Galindo, F. (2016). Los millennials universitarios y su interacción con el social mobile. *Journal of Communication*, nº 12, 2016, pp. 97-116.

Sánchez, F.J. (2015). Gamificación. Education in the knowledge society (EKS), Vol. 16, Nº. 2, 2015, pp 13-15.

Sentieri, C y Domingo D., (2012). El portfolio el proyecto y la expresión gráfica. Pp. 1091-1092. En XI Congreso Internacional de Expresión Gráfica aplicada a la Edificación. Valencia: Universitat Politécnica de Valéncia.

Villa, A. y Poblete, M. (2007). Aprendizaje basado en competencias. Una propuesta para la evaluación de las competencias genéricas. Bilbao: Universidad de Deusto.

UNESCO (1997). Recomendación relativa a la condición del personal docente de la enseñanza superior. Paris: UNESCO.

Zubizarreta, J. (2009). The learning portfolio. San Francisco: Anker.

CAPÍTULO V

CÓMO MEJORAR EL APRENDIZAJE Y LA MOTIVACIÓN DEL ALUMNADO A TRAVÉS DE UNA HERRAMIENTA DE GAMIFICACIÓN INTERACTIVA

Dra. Gema Albort-Morant
Universidad de Sevilla, España

Dr. Antonio L. Leal-Rodríguez
Universidad de Sevilla, España

Dra. Carmen Merchán-Hernández
Universidad Pablo de Olavide, España

Resumen

Recientemente la Universidad ha empezado a adaptarse a los nuevos tiempos y exigencias, llevando a cabo una profunda reflexión sobre el modelo de aprendizaje a niveles superiores y apostando por la integración de las nuevas tecnologías de la información y la comunicación (TIC). Así, los docentes universitarios han comenzado a trabajar en la creación, desarrollo e implementación de herramientas y juegos creativos que potencien la obtención de las competencias y habilidades que sus alumnos necesitan para su desarrollo personal y profesional. De esta forma, por medio de la gamificación, los estudiantes tienen la oportunidad de contar con nuevos mecanismos que les permiten aprender al mismo tiempo que ponen sus conocimientos en práctica de forma divertida. El principal objetivo del presente trabajo es por un lado realizar una descripción del juego "¿Quién quiere ser directivo?", implantado por profesores de la Universidad de Sevilla y la Universidad Pablo de Olavide, y por otro, evaluar su impacto en los niveles de rendimiento académico y satisfacción de los alumnos. Este juego es una versión adaptada del programa televisivo de gran éxito "¿Quién quiere ser millonario?" con el que se intenta mejorar el rendimiento del alumno e incentivar el aprendizaje del temario de la asignatura. Los resultados muestran un alto grado de satisfacción por parte de los estudiantes, que encuentran muy útil el juego, ya que les permite aprender de forma divertida.

Palabras claves

Educación, gamificación, TICs, motivación, aprendizaje

Introducción

En el contexto actual de educación superior, ante la demanda creciente de una experiencia de aprendizaje más dinámica, participativa y atractiva, unida a las exigencias de satisfacción y calidad docente, el profesorado universitario ha comenzado a involucrarse en la creación, desarrollo e implementación de herramientas y juegos creativos que potencien la obtención de las competencias que sus alumnos necesitan para su desarrollo personal y profesional (Rodríguez-Félix et al., 2016). Esta tendencia específica hace referencia al término *gamificación*[8], el cual, genéricamente, hace referencia a la aplicación de herramientas de juego a ámbitos que no son propiamente lúdicos, con el objetivo de estimular tanto la competencia como la cooperación entre jugadores (Kapp, 2012).

 Esta práctica, llevada al terreno educativo, se identifica con el diseño de escenarios de aprendizaje integrados por propuestas de ingeniosas y atractivas actividades que promuevan la resolución de tareas de forma innovadora y colaborativa (Lee & Hammer, 2011; Villalustre & Del Moral, 2015), alentando a la superación de retos y al logro de nuevas competencia para los estudiantes. Por medio de la gamificación, los estudiantes tienen la oportunidad de contar con nuevos mecanismos que les permiten aprender al mismo tiempo que ponen sus conocimientos en práctica de forma divertida.

Las exigencias de calidad y excelencia en la actividad docente vienen planteando nuevos retos en el contexto universitario, con objeto de motivar e integrar satisfactoriamente al alumnado para que la transmisión de las competencias de aprendizaje se desarrolle de forma exitosa. En este sentido, las aplicaciones de gamificación en el ámbito universitario están orientadas a incrementar la motivación del alumnado y sus resultados académicos a partir de la propuesta de experiencias de juego en contextos formativos, propiciando un entorno favorable para el desarrollo de habilidades y aprendizajes de diverso tipo, minimizando el esfuerzo cognitivo que pudieran conllevar, y sobre todo buscando una mayor implicación de los sujetos a partir de un clima de competitividad y/o cooperación orientado al logro de objetivos educativos determinados (Villalustre & Del Moral, 2015).

Después de décadas ignorándola, las universidades han comprendido al fin el efecto positivo que ejerce la aplicación de métodos de innovación docente en el aprendizaje y la satisfacción del alumnado. Así, en los últimos años se ha venido apostando por el diseño e implantación de algunos métodos de aprendizaje dirigidos a suscitar el interés y la participación activa del alumno, con el ánimo de complementar enfoques pedagógicos más tradi-

---

8 Término traducido literalmente del inglés.

cionales, donde la clase magistral continúa siendo la piedra angular del proceso de aprendizaje (Bisoux, 2007). Por otro lado, con arreglo a lo que se argumenta en estudios como el de Peris-Ortiz et al. (2016), el fomento de un contexto educativo basado en la implantación de herramientas educativas, tecnológicas y pedagógicas altamente innovadoras se está tornando cada vez un objetivo estratégico más imperioso para las universidades.

Uno de estas herramientas educativas, que gradualmente se está haciéndo un hueco entre los recursos tecnológicos que los docentes utilizan en sus clases es la gamificación. Concebida como una estrategia que aúne la conectividad y el compromiso por arraigar una colectividad, está adquiriendo relevancia en el ámbito de la innovación educativa, pudiendo hablar hoy de una línea específica de Gamificación educativa. Hablar hoy en día de gamificación educativa, supone hacerlo de una tendencia basada en la convergencia de los conceptos de juego y aprendizaje significativo. Según Marín-Díaz (2015, p. 1), "la gamificación propiamente dicha trata de potenciar procesos de aprendizaje basados en el empleo del juego, para el desarrollo de procesos de enseñanza-aprendizaje efectivos, los cuales faciliten la cohesión, integración, la motivación por el contenido y potenciar la creatividad de los individuos".

Lee & Hammer (2011) definen la gamificación educativa como aquélla estrategia pedagógica que propone el uso de sistemas basados en el juego, así como de las experiencias y roles del jugador para formar el comportamiento de los estudiantes. Las universidades han de encarar hoy en día problemas importantes en torno a la motivación y el compromiso estudiantil. Por este motivo, la incorporación de elementos propios del juego en entornos no lúdicos (ej., el aula), proporciona una oportunidad para apoyar a los docentes en la resolución de estas dificultades (Lee & Hammer, 2011). En este sentido, los responsables políticos en materia educativa, junto con los rectores y resto de cargos directivos de las distintas universidades han puesto de manifiesto que en la actualidad resulta poco probable que los alumnos alcancen unos niveles altos de compromiso si se continúa empleando únicamente el enfoque de enseñanza tradicional, donde el flujo de información, frecuentemente unidireccional, deja a los estudiantes un tiempo insuficiente para la correcta interiorización de los conceptos, lo cual redunda en su desmotivación (Gasiewski et al., 2012).

Conforme a lo que sugiere un estudio de Chapman et al. (2016), los estudiantes sujetos a métodos de aprendizaje innovadores tienden a desarrollar mejor sus conocimientos lo cual les lleva a mostrar un impacto positivo en la clase y a alcanzar resultados superiores. En el caso concreto de la gamificación, diversos estudios han demostrado que los alumnos que toman parte de iniciativas pedagógicas gamificadas son capaces de aprender mientras disfrutan de dicha experiencia de aprendizaje. Por lo tanto, los estudiantes pueden comprender los conceptos teóricos al mismo tiempo que los ponen en práctica en los juegos desarrollados en el aula. Estos juegos permiten la mejor interiorización, comprensión y revisión de los contenidos de la asignatura de cara al examen final (Salas, Wildman & Piccolo, 2009).

Objetivos Generales

La introducción de estrategias de gamificación en la formación universitaria se ha venido extendiendo con resultados positivos en áreas académicas muy diversas, desde las relacionadas con la administración y dirección de empresas (Cortizo et al., 2011) hasta las referidas a prácticas de laboratorio en disciplinas de Biología (Prieto Díaz, et al., 2014).

Estas experiencias docentes desarrolladas en distintos contextos universitarios se centran, fundamentalmente, en introducir herramientas digitales propias de escenarios lúdicos clásicos o videojuegos como mecanismos para llevar a cabo procesos de aprendizajes (Villalustre & Del Moral, 2015). De esta forma, en líneas generales, se propone a los estudiantes la resolución de problemas y aplicación de los conocimientos teóricos trabajados, a través de simulaciones que permiten adoptar una dinámica de juego específica que persiga alcanzar un logro concreto, a través de la participación de los estudiantes mediante diferentes roles (individuales o en equipo) con el fin de involucrar a todo el alumnado en la actividad e incentivar el aprendizaje. Por otra parte, la gamificación en el ámbito universitario ha sido aplicada como instrumento innovador para realizar evaluaciones a través de dinámicas lúdicas centrada en la consecución de objetivos e incorporando una retroalimentación alumnado-profesor (Del Pino, 2015).

De esta forma, el presente trabajo de investigación se plantea dos objetivos fundamentales. El primer objetivo de este trabajo es describir una experiencia de innovación docente basada en la gamificación que se ha desarrollado en el marco asignaturas del área de organización de empresas en distintos grados de la Universidad de Sevilla. El segundo objetivo del presente trabajo es conocer de forma empírica si el uso de la gamificación en clase ejerce un impacto positivo en los niveles de rendimiento y satisfacción de los alumnos.

La estructura del trabajo es la siguiente. La siguiente sección contiene una descripción de la herramienta de gamificación, así como una descripción de la metodología empírica empleada en el estudio. La penúltima sección presenta los principales resultados derivados del análisis estadístico realizado. La última sección presenta las conclusiones finales de este estudio.

Método

Como se adelanta en el apartado previo, un primer objetivo de este trabajo consiste en la descripción de una herramienta de innovación docente basada en la gamificación. Por medio de esta herramienta de juego interactivo se propone que los alumnos se involucren y adopten una disposición activa respecto a la clase. En esta sección se realiza una descripción de la herramienta así como de la muestra utilizada.

La herramienta que hemos empleado es el juego "¿Quién quiere ser directivo?", desarrollado e implantado por profesores de la Universidad de Sevilla y la Universidad Pablo de Olavide. Este juego es una versión adaptada del programa televisivo de gran éxito internacional denominado "¿Quién quiere ser millonario?" –"Who wants to be a millionaire?", en su versión anglosajona–. Este concurso se emitió en España desde 1999 a 2009 y gozó de unos altos índices de audiencia y seguimiento. El premio máximo en España estaba cifrado en 1.000.000 €. Inicialmente, para alcanzar este premio era preciso responder correctamente a 15 preguntas consecutivas de creciente nivel de dificultad.

Siguiendo el formato de este concurso, se ha procedido al diseño de una presentación PowerPoint que emula la pantalla principal de dicho programa televisivo. La Figura 1 ilustra la primera diapositiva del juego, en la cual se especifican las instrucciones a seguir para el correcto desarrollo del juego durante su aplicación en clase.

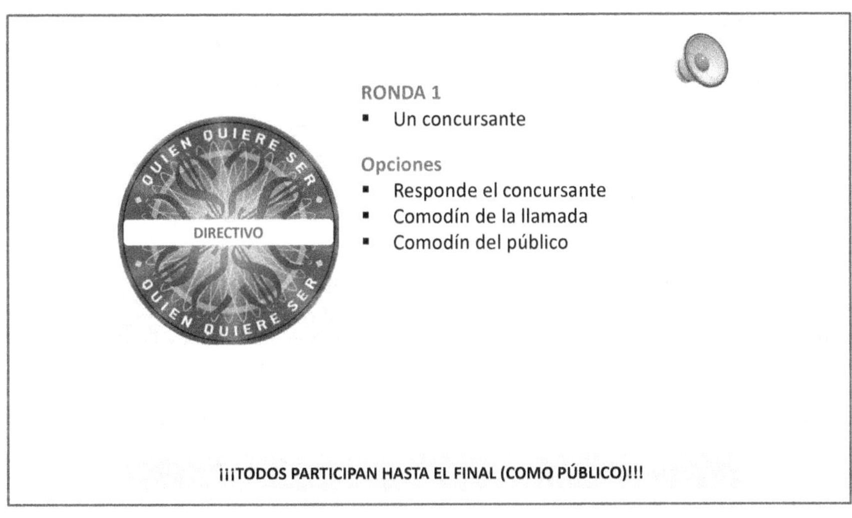

Figura 1. Instrucciones del juego

Así, tras el desarrollo de un bloque de contenido del programa docente de la asignatura, se procedía a la realización de una ronda del concurso entre todos los alumnos. Cada ronda constaba de 15 preguntas que respondían aleatoriamente alguno de los alumnos del grupo. El alumno que fuera asignado para responder la pregunta contaba con 20 segundos para ellos y se le planteaban tres alternativas posibles: 1) responder la pregunta directamente, 2) emplear el comodín de la llamada, derivándo así la pregunta a algún compañero del grupo que debía responder en el tiempo que restase, 3) recurrir al comodín del público, con el cuál se realizaba una consulta a toda la clase para que expresaran cuál era a su entender la respuesta correcta. Durante el juego todo el alumnado debía estar concentrado en la pregunta que se realizara, aunque no fuera elegido aleatoriamente para su respuesta, debido a la posibilidad de que se usara alguno de los comodines, lo cual podía implicar que algún otro compañero tuviera que responder mientras ya se había iniciado el contador de segundos.

La Figura 2 muestra una de las preguntas del juego. Como puede observarse, de forma análoga a cómo sucedía en el programa de televisión, el alumno que se encuentre concursando ha de responder a la pregunta formulada en base a una de las cuatro opciones que aparecen en pantalla, habiendo una única opción correcta, la cual aparece resaltada en verde una vez la pregunta ha sido contestada.

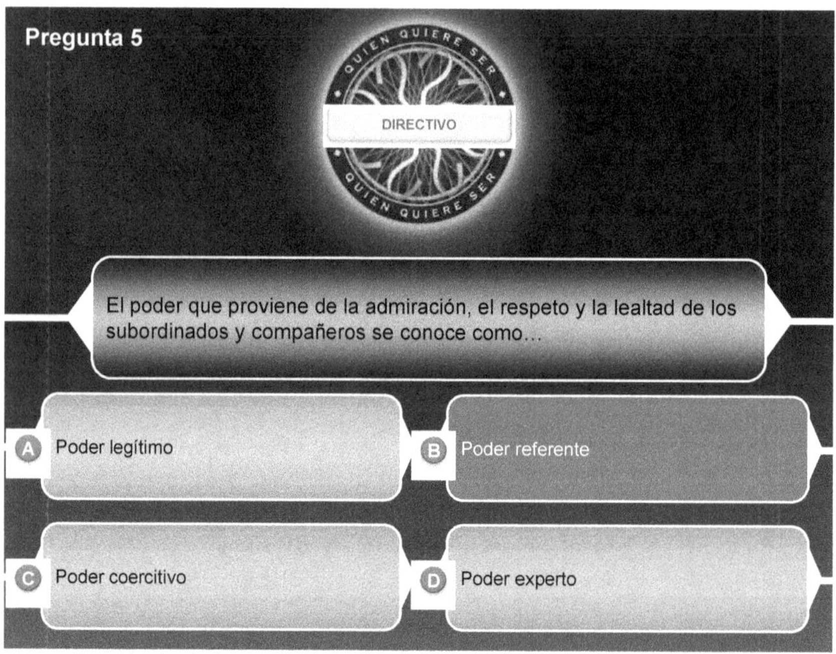

Figura 2. Modelo de pregunta del juego

Respecto al análisis empírico llevado a cabo en este estudio, se ha planteado, por medio de una metodología cuantitativa, un diseño transversal, descriptivo y correlacional. La Tabla 1 recoge algunos datos referentes a la muestra utilizada en el análisis empírico del presente trabajo de investigación. La muestra consta de un total de 116 estudiantes pertenecientes a diferentes titulaciones y Facultades, aunque todos ellos pertenecientes a la Universidad de Sevilla durante el curso académico 2016-2017. De estos 116 estudiantes, hasta un total de 84 alumnos pertenecen a grupos en los cuales se ha empleado la herramienta de gamificación, mientras que 32 de ellos pertenecen a un grupo de control en el que el juego no fue utilizado.

Tamaño muestral (n)	116 estudiantes (56% hembras; 44% varones)
Grados	Administración y Dirección de Empresas (ADE); Turismo, Estudios en Asia Oriental
Facultades	Ciencias Económicas y Empresariales, Turismo y Finanzas, Centro Internacional Andalucía Tech.
Universidad	Universidad de Sevilla
Curso académico	2016-2017

Tabla 1. Datos de la muestra

Resultados

Para el análisis estadístico llevado a cabo en este estudio se recurrió al uso del software SPSS® (IBM, V20). Respecto a las variables centrales en este estudio, la Tabla 2 presenta los principales estadísticos descriptivos, y las correlaciones bivariadas entre las variables. La variable Gamificación es de carácter dicotómico y hace referencia a si en el grupo en cuestión se implementó o no la herramienta de gamificación (1: sí se implementó gamificación; 0: no se implementó gamificación) Por su parte, la variable nota final se corresponde con la calificación final obtenida por el alumno en una escala de 0 a 10 puntos. Finalmente, la tercera variable denota el nivel de satisfacción que muestral el alumno con la metodología docente empleada en la asignatura Esta última variable presenta una escala de 0 a 2 (0: muy insatisfecho, 1: bastante satisfecho, 2: muy satisfecho). La Tabla 1 también revela que estas variables están significativamente correlacionadas entre ellas.

Variable	Media	Desviación Estándar	1	2	3
1. Gamificación	0,724	0,442	1		
2. Nota final	6,990	1,942	0,545**	1	
3. Satisfacción	1,224	0,633	0,584**	0,323**	1

* $p < 0.05$; ** $p < 0.01$; *** $p < 0.001$

Tabla 2. Estadísticos descriptivos y matriz de correlaciones

La Tabla 2 presenta los resultados del test de diferencia de medias entre los dos grupos bajo estudio –el grupo formado por los alumnos pertenecientes a los grupos gamificados y el grupo control–. Como se puede observar, los alumnos en cuyos grupos se ha implementado la herramienta de gamificación tienen una nota media final más alta (7,640 frente a 5,282), y presentan mayor nivel de satisfacción con la metodología docente empleada (1,443 frente a 0,606). Estas diferencias son estadísticamente significativas a un nivel de confianza del 95%. Por lo tanto, es posible afirmar que la inclusión de herramientas de gamificación constituye un elemento relacionado con el mayor o menor nivel de rendimiento y satisfacción del alumnado.

Valor	Grupos gamificados (n=84)		Grupo no gamificado (n=32)		Diferencia de medias	Sig. (*)
	Media	Desviación estándar	Media	Desviación estándar		
Nota final	7,640	1,525	5,282	1,898	2,358	0,000
Satisfacción	1,443	0,582	0,606	0,241	0,837	0,000

*Diferencia significativa a un intervalo de confianza del 95%

Tabla 3. Test de diferencia de medias

Discusión y conclusiones

Durante los últimos años ha aumentado de forma considerable el número de investigadores y profesionales que reconocen la importancia de la introducción de juegos o herramientas de gamificación en el aula (Marín-Díaz, 2015; Dicheva et al., 2015; Wiggins, 2016; Martí-Parreño et al., 2016; Oliva, 2017). Así, la gamificación educativa destaca como una de las más importantes tendencias en el marco de la educación superior, siendo cuantiosos los docentes que en la actualidad han comenzado a adoptar de forma gradual diversas técnicas didácticas y herramientas orientadas a la mejora del aprendizaje de los estudiantes en base a juegos interactivos.

Esta tendencia queda reflejada en la gran cantidad de artículos científicos, libros, números monográficos y ponencias en congresos especializados que se centran en este tópico. Sin ir más lejos, hemos realizado una búsqueda bibliométrica de la literatura científica en esta materia. El análisis bibliométrico constituye una disciplina o rama de la cienciometría que consiste en la aplicación de métodos estadísticos para evaluar los desarrollos y el incremento del conocimiento sobre un tópico concreto, así como la evaluación de la calidad científica y la influencia de los distintos trabajos y fuentes (Bouyssou & marching, 2011). La bibliometría supone un enfoque innovador en cuanto a la revisión de la literatura. Este tipo de análisis abastece de información de mucha utilidad para quienes pretendan examinar y profundizar dentro de un campo de investigación concreto (Albort-Morant & Ribeiro-Soriano, 2016), puesto que esta técnica proporciona una serie de indicadores significativos para la medición del material bibliográfico bajo estudio.

Concretamente se ha empleado la base de datos Scopus (www.scopus.com) con el fin de extraer los últimos trabajos publicados en el campo de la gamificación educativa. Scopus es un asistente de información científica en línea que incluye y permite el acceso a documentos científicos y artículos de investigación pertenecientes a todas las disciplinas. (Albort-Morant & Ribeiro-Soriano, 2015).

Este análisis se llevó a cabo en el mes de julio de 2017, a través del acceso remoto a la base de datos. Se emplearon como palabras clave los términos *"gamification"* y *"higher education"* y se estableció como horizonte temporal el periodo 2015-2017. La búsqueda dio como resultado un total de 177 documentos científicos indexados en esta base de datos, lo cual demuestra la relevancia y gran actualidad de este tópico para la comunidad científica. La Tabla 4 muestra los últimos 25 trabajos publicados en materia de gamificación en el contexto de la educación superior.

Autores	Titulo	(Año) Fuente
Landers, R.N., Armstrong, M.B.	Enhancing instructional outcomes with gamification: An empirical test of the Technology-Enhanced Training Effectiveness Model	(2017) Computers in Human Behavior
Veltsos, J.R.	Gamification in the Business Communication Course	(2017) Business and Professional Communication Quarterly
Buckley, P., Doyle, E.	Individualising gamification: An investigation of the impact of learning styles and personality traits on the efficacy of gamification using a prediction market	(2017) Computers and Education
Sanchez, E., Young, S., Jouneau-Sion, C.	Classcraft: from gamification to ludicization of classroom management	(2017) Education and Information Technologies
Peng, C., Cao, L., Timalsena, S.	Gamification of Apollo lunar exploration missions for learning engagement	(2017) Entertainment Computing
Ober, C.P.	Use of a novel board game in a clinical rotation for learning thoracic differential diagnoses in veterinary medical imaging	(2017) Veterinary Radiology and Ultrasound
Hung, A.C.Y.	A critique and defense of gamification	(2017) Journal of Interactive Online Learning
De-Marcos, L., Garcia-Cabot, A., Garcia-Lopez, E.	Towards the social gamification of e-learning: A practical experiment	(2017) International Journal of Engineering Education
Stansbury, J.A., Earnest, D.R.	Meaningful Gamification in an Industrial/Organizational Psychology Course	(2017) Teaching of Psychology
Song, D., Tavares, A., Pinto, S., Xu, H.	Setting engineering students up for success in the 21st century: Integrating gamification and crowdsourcing into a CDIO-based web design course	(2017) Eurasia Journal of Mathematics, Science and Technology Education
Neira-Tovar, L., Castilla Rodriguez, I.	A virtual reality tool applied to improve the effects on chronic diseases - case: Emotional effects on T2DM	(2017) Lecture Notes in Computer Science
Cózar-Gutiérrez, R., Sáez-López, J.M.	Game-based learning and gamification in initial teacher training in the social sciences: an experiment with MinecraftEdu	(2016) International Journal of Educational Technology in Higher Education
Pereira, A.S., Moreira, A.A., Chaló, P., Sancho, L., Varela, A., Oliveira, C.	Development challenges of a full integrated app in higher education	(2016) Gaming and Technology Addiction: Breakthroughs in Research and Practice

Rizzardini, R.H., Chan, M.M., Guetl, C.	An Attrition Model for MOOCs: Evaluating the Learning Strategies of Gamification	(2016) Formative Assessment, Learning Data Analytics and Gamification: In ICT Education
Vergara Rodríguez, D., Mezquita Mezquita, J.M.	Design of serious games to reinforce knowledge: An educational experience in high school	(2016) Profesorado
Ambrosio Mawhirter, D., Ford Garofalo, P.	Expect the Unexpected: Simulation Games as a Teaching Strategy	(2016) Clinical Simulation in Nursing
Holmes, J.B., Gee, E.R.	A framework for understanding game-based teaching and learning	(2016) On the Horizon
Pfannenstiel, A.N.	Videogames in the classroom: student discussion leader presentations	(2016) On the Horizon
Wiggins, B.E.	An overview and study on the use of games, simulations, and gamification in higher education	(2016) International Journal of Game-Based Learning
Turan, Z., Avinc, Z., Kara, K., Goktas, Y.	Gamification and education: Achievements, cognitive loads, and views of students	(2016) International Journal of Emerging Technologies in Learning
Kirillov, A.V., Vinichenko, M.V., Melnichuk, A.V., Melnichuk, Y.A., Vinogradova, M.V.	Improvement in the learning environment through gamification of the educational process	(2016) Mathematics Education
Arias Aranda, D., Bustinza Sánchez, O.F., Djundubaev, R.	Effects of gamified business simulations on entrepreneurial attitude at high school level	(2016) Revista de Educacion
Fotaris, P., Mastoras, T., Leinfellner, R., Rosunally, Y.	Climbing up the leaderboard: An empirical study of applying gamification techniques to a computer programming class	(2016) Electronic Journal of e-Learning
Hew, K.F., Huang, B., Chu, K.W.S., Chiu, D.K.W.	Engaging Asian students through game mechanics: Findings from two experiment studies	(2016) Computers and Education
Thorsteinsson, G., Niculescu, A.	Pedagogical insights into the use of Minecraft within educational settings	(2016) Studies in Informatics and Control

Tabla 4. Últimos 25 trabajos publicados en materia de gamificación educativa

De esta forma, dentro del actual modelo educativo, centrado en el fomento y desarrollo de las competencias del alumno, se está demandando una evolución del paradigma "aprender sobre habilidades directivas" hacia el de "enseñar al estudiante a aprender cómo desarrollar sus propias habilidades directivas", así como a fomentar el aprendizaje continuo a lo largo de la vida profesional y personal del mismo (Blömeke et al., 2013; Johnstone & Soares, 2014). Por este motivo, resulta preciso continuar desarrollando nuevos métodos docentes en los niveles de educación superior que permitan superar con éxito los nuevos retos educativos y sean más efectivos que la tradicional clase magistral.

Como principal conclusión de este trabajo, destacamos positivamente el papel ejercido por las herramientas e iniciativas de innovación docente, como en este caso la introducción de herramientas de gamificación en las clases de enseñanza superior. Por este motivo, resulta altamente recomendable hacer un esfuerzo por diseñar e implementar juegos y prácticas dinámicas e interactivas, que vayan orientadas a involucrar al alumno de manera experiencial, ya que, se observa que de esta manera el conocimiento puede ser absorbido y retenido con mayor facilidad. Esta técnica se propone desarrollar las competencias de los estudiantes mediante un enfoque dinámico y divertido, al mismo tiempo que pretende aumentar el nivel del rendimiento académico y la satisfacción del alumno con la metodología docente.

Sin embargo, este estudio no está exento de diversas limitaciones. En primer lugar, no nos ha resultado posible analizar variables demográficas tales como rasgos culturales del nivel o personalidad de los alumnos, que podrían habernos proporcionado una información adicional ciertamente valiosa con respecto al enfoque de aprendizaje de los estudiantes. Por otra parte, nos hemos centrado en un contexto geográfico particular –Sevilla, España– y en un contexto académico muy concreto –estudiantes pertenecientes a diversos Grados de la rama de Ciencias Sociales–. Por lo tanto, hemos de ser cuidadosos a la hora de extrapolar nuestros resultados a otros escenarios. Por último, este estudio se encuentra en una fase de desarrollo inicial por lo que no se pueden generalizar las conclusiones.

Como futuras líneas de investigación planteamos replicar este estudio empleando una muestra compuesta por un mayor número de alumnos, que nos permitan realizar un análisis empírico. También proponemos una mayor aplicación de nuevas tecnologías de la información y las comunicaciones (TICs), las cuales favorezcan aún más la introducción de procesos de participación interactiva en el contexto del aula, de forma sencilla y con un coste de implementación muy bajo, ya que la inmensa mayoría de los alumnos disponen de un dispositivo electrónico (ej., tablet, smartphone, etc.) con el que interactuar. Por otra parte, consideramos interesante replicar este estudio o recopilar datos de fuentes alternativas, especialmente de universidades extranjeras, lo cual podría ser realmente útil a la hora de realizar estudios comparativos que permitan contrastar o validar estos resultados. También nos interesa analizar si estos resultados son similares en alumnos de Máster y Postgrado. Además, a largo plazo nos proponemos llevar a cabo un análisis longitudinal que nos permita conocer la evolución del alumno durante los cuatro cursos del Grado. Por último, queremos destacar que la proliferación de trabajos, tanto descriptivo-relacionales como longitudinales, pueden resultar de gran utilidad a la hora de documentar científicamente e incentivar el diseño y diseminación de herramientas de innovación docente basadas en la gamificación.

Referencias Bibliográficas

Albort-Morant, G., & Ribeiro-Soriano, D. (2016). A bibliometric analysis of international impact of business incubators. *Journal of Business Research*, 69(5), 1775-1779.

Bisoux, T. (2007). The MBA reconsidered. *BizEd*, 6(3), 44-48.

Blömeke, S., Zlatkin-Troitschanskaia, O., Kuhn, C., & Fege, J. (2013). Modeling and measuring competencies in higher education. In *Modeling and Measuring Competencies in Higher Education* (pp. 1-10). SensePublishers.

Bouyssou, D., & Marchant, T. (2011). Ranking scientists and departments in a consistent manner. *Journal of the American Society for Information Science and Technology*, 62(9), 1761–1769.

Chapman, J., Schetzsle, S. & Wahlers, R. (2016). An Innovative, Experiential-Learning Project for Sales Management and Professional Selling Students. *Journal Marketing Education Review*, 26(1), 45-50.

Cortizo, J. C., Carrero, F. M., Monsalve, B., Velasco, A., Díaz, L. I., & Pérez-Martín, J. (2011). Gamificación y Docencia: Lo que la Universidad tiene que aprender de los Videojuegos. Madrid: Universidad Europea de Madrid. Accesible en http://hdl.handle.net/11268/1750

Del Pino, J. (2015). Evaluación docente dinámica, mediante gamificación, con una nueva aplicación en cloud de respuesta en el aula para dispositivos móviles con acceso a internet. Memoria de Investigación de Proyecto de Innovación Docente.

Dicheva, D., Dichev, C., Agre, G., & Angelova, G. (2015). Gamification in education: a systematic mapping study. *Journal of Educational Technology & Society*, *18*(3), 75.

Gasiewski, J. A., Eagan, M. K., Garcia, G. A., Hurtado, S., & Chang, M. J. (2012). From gatekeeping to engagement: A multicontextual, mixed method study of student academic engagement in introductory STEM courses. *Research in higher education*, 53(2), 229-261.

Johnstone, S. M., & Soares, L. (2014). Principles for developing competency-based education programs. *Change: The Magazine of Higher Learning*, *46*(2), 12-19.

Kapp, K. M. (2012). The gamification of learning and instruction: game-based methods and strategies for training and education. John Wiley & Sons.

Lee, J. J., & Hammer, J. (2011). Gamification in education: What, how, why bother?. *Academic exchange quarterly*, 15(2), 146.

Martí-Parreño, J., Méndez-Ibáñez, E., & Alonso-Arroyo, A. (2016). The use of gamification in education: a bibliometric and text mining analysis. *Journal of Computer Assisted Learning*, 32(6), 663-676.

Marín-Díaz, V. (2015). La gamificación educativa. Una alternativa para la enseñanza creativa. *Digital Education Review*, (27). Accesible en http://greav.ub.edu/der

Oliva, H. A. (2017). La gamificación como estrategia metodológica en el contexto educativo universitario. *Realidad y Reflexión*, *44*, 29-47.

Peris-Ortiz, M., Gómez, J. A., Vélez-Torres, F., & Rueda-Armengot, C. (2016). *Education Tools for Entrepreneurship*. Springer International Publishing, Switzerland.

Prieto, A., Díaz, D., Monserrat, J., & Reyes, E. (2014). Experiencias de aplicación de estrategias de gamificación a entornos de aprendizaje universitario. *ReVisión*, *7*(2). Accesible en http://www.aenui.net/ojs/index.php?journal=revision&page=article&op=viewArticle&path[] =149&path[]=243

Rodríguez-Félix, L., Albort-Morant, G., Leal-Rodríguez, A.L. (2016). Does experiential learning boost students' performance? Results from implementing this methodology within a competencies-based Human Resources Management subject at the University of Seville. *ICERI2016 Proceedings, 8212-8220*. Accesible en https://library.iated.org/view/RODRIGUEZFELIX2016DOE

Salas, E., Wildman, J. L., & Piccolo, R. F. (2009). Using simulation-based training to enhance management education. *Academy of Management Learning & Education*, 8(4), 559-573.

SPSS, I. (2011). IBM SPSS v20. *IBM SPSS, Chicago, Illinois, USA*.

Villalustre, L. and Del Moral, M-E. (2015) Gamificación: Estrategia para optimizar el proceso de aprendizaje y la adquisición de competencias en contextos universitarios In: *Digital Education Review, 27*, 13-31.

Wiggins, B. E. (2016). An overview and study on the use of games, simulations, and gamification in higher education. *International Journal of Game-Based Learning (IJGBL)*, 6(1), 18-29.

CAPITULO VI

FORMACIÓN POR ITINERARIOS ITERATIVOS PERSONALIZADOS INFORMÁTICAMENTE.

Dr. Prof. José Manuel Guil Bozal

Escuela Universitaria de Osuna (Universidad de Sevilla), España

Resumen

Introducción. La idea es, básicamente, desarrollar un mecanismo o sistema que controle el proceso de aprendizaje de los alumnos de una manera personalizada y automatizada informáticamente, procurando la economía del aprendizaje en cuanto optimización de tiempo y esfuerzo del profesor y del aprendiz.

Método: Se trata de evaluar al alumno continuamente de modo que sobre aquellas ideas o conceptos que ha demostrado conocer, no se le vuelven a evaluar y así se economice esfuerzo y tiempo. Una vez alcanzado esto al alumno se le podrá considerar competente en esa materia. Si a esto le añadimos competitividad la motivación es aún mayor. El alumno competiría con sigo mismo y con los compañeros, convertidos en rivales durante un tiempo, o en colaboradores si el trabajo es grupal. Para que este número tan elevado de controles pueda ser llevado a cabo, es indispensable el soporte informático-digital de todo el proceso.

Resultados: No podemos presentar resultados cuantitativos concluyentes, puesto que los trabajos se encuentran en su fase inicial. Tenemos sí, datos cualitativos basados en nuestra propia experiencia que permiten afirmar que a mayor número de controles, siempre siguen mejores resultados académicos.

Discusión: El proceso de aprendizaje, o adquisición de conocimiento, podemos asimilarlo al proceso por el que se adquiere un vocabulario. Un vocablo, una voz, una palabra, es un signo lingüístico que contiene un significado. Lo que decimos de las palabras, lo podemos decir de las ideas en general, de hecho, podemos decir que adquirir conocimiento es adquirir vocabulario, porque ¿qué son las palabras en sí? ¿No son grafías o voces dotadas de significado? Otra idea que se plantea es la de la importancia de los controles continuado en la mejora de los resultados académicos.

Palabras claves

Evaluación del conocimiento. Optimización de la formación. Apoyo informático a la formación. Técnicas de Estudio.

Introducción

Vamos a desgranar las palabras que componen el título de la presente comunicación, con el fin de minimizar la equivocidad en la conceptualización de las mismas. Ya en el título se dice mucho y contiene como un resumen de la misma.

Conceptualización

Formación: Analizando etimológicamente esta voz, puede encontrase en ella la raíz *forma*. Es decir, provendría de concepto griego de forma, que se complementaría con el de *materia*, de modo que la *forma* sería aquello que le daríamos a la *materia*, como un escultor, manejando su gubia, daría forma a un bloque de madera para obtener de él unas "formas"; de hecho, la expresión *materia* también provendría de la palabra madera. Pues bien, la formación sería aquel proceso mediante el cual una persona recibe una serie de conocimientos que de alguna manera transforman sus conocimientos previos.

Cabría distinguir el concepto de formación respecto del de información. Podría decirse que, efectivamente, vivimos en una sociedad de la Información y la Comunicación, y que la Información fluye por todas partes y hay mucha información, merced a los Medios de Comunicación de Masas, precisamente; Prensa, Radio y Televisión, a los que hoy en día se añadiría el de las Redes Sociales. Sin embargo, como se dice arriba, cabría apuntar una diferencia, y esta sería, que la *información* sería más la posesión, o el dominio, de una serie de datos, pero no de modo estructurado, sino más bien aislados. La *formación*, por su parte, serían esos datos pero poseídos de manera más estructurada e integrada en un Marco Teórico más amplio y que los trascendería.

Por itinerarios: Los itinerarios son inherentes a la formación, un proceso formativo cabría entenderlo como un itinerario formativo, o como frase que se hizo común, desde hace cierto tiempo, como "hojas de rutas" formativas.

Un itinerario, o una hoja de ruta, formativa; sería un recorrido por una serie de conceptos e ideas, por los que se pretende transitar, para que contemplándolos o considerándolos vayan siendo aprehendidos por el aprendiz, educando o "sujeto a formar". Estos itinerarios formativos serían los previstos en las correspondientes programaciones docentes.

Iterativos: La palabra *iteración* significa repetición. Es decir, estos itinerarios serían repetitivos. Todo proceso formativo constaría, básicamente, de repeticiones. Un estudiante, en su proceso de estudio lo que hace, básicamente, es leer los contenidos que se le presentan por escrito, y luego volver a leerlos, para que en cada repaso vaya teniendo in conocimiento más completo del tema de estudio.

Personalizados: El concepto personalizado, viene de persona. Persona es lo que podemos decir que es único, exclusivo e irrepetible de cada individuo. Tendría su origen en el concepto griego de persona, que sería la máscara con la que los actores se caracterizaban para interpretar los diferentes papeles que le eran asignados en una obra de teatro. Tendría la doble función de amplificar y modificar la voz del intérprete, para caracterizar mejor a su interpretado. Al sujeto interpretado, se le denominaría personaje por partir de la persona. Este concepto es desarrollado por la teología cristiana para acercarse al Misterio de la Trinidad, de modo que se explicaría la existencia de un solo ser, así como un solo actor, que actúa en tres personajes, o personas.

Según la metodología formativa que se pretende desarrollar, esta formación se realizaría mediante iteraciones personalizadas, es decir, itinerarios que fueran únicos y exclusivos de cada educando, repeticiones únicas y exclusivas de cada persona. Adelantamos que esta exclusividad residiría en que cada repaso o repetición sería solo de aquello que el alumno no ha demostrado conocer todavía.

Informáticamente: Informática es un acrónimo de "Información Automática", es un modo de automatizar la información. Más allá de que hoy en día no se concebiría prácticamente ninguna actividad que no esté informatizada, como se verá más adelante, con este sistema se pretende una evaluación continuada del alumno, lo cual, si se multiplica por un número de 50, 60 ó 70 alumnos por aula, implica que no es posible tal evaluación si no es con el apoyo de un sistemas informático. Por lo tanto, este sistema ha de estar necesariamente informatizado para poder ser viable.

Contextualización.

Hecho el análisis conceptual del título del presente trabajo, analizamos ahora el contexto en el que podrían enmarcarse este conjunto de ideas y técnicas, y así podemos encontrar otras técnicas de estudio o formación, tales como las denominadas con los acrónimos LSER[2,] o la SQ3R.

 LSER[2] son las siglas de Leer, Subrayar, Esquematizar, Resumir y Repetir. Esta técnica fue explicada en los años 80 por los profesores de los Cursos de Adaptación Pedagógica (CAP) impartidas en los Institutos de Ciencias de la Educación (ICE) de diferentes Universidades españolas a los futuros profesores de Educación Secundaria.

Por su parte SQ3R es el acrónimo de *Survey* (examinar por encima, echar un vistazo); *Quest* (preguntarse) y la 3 R se refieren a *Red*, (leer), *Resume* (resumir), y *Repeat* (repetir). Son técnicas de trabajo intelectual o de estudios, propuestas a los estudiantes de la Universidad Nacional de Educación a Distancia (UNED) de España en los años 90.

En estas técnicas ya se ve la naturaleza básica de la repetición en toda técnica de estudio o formativa.

Existe otra técnica, que podemos llamar de punteo de palabras, para el estudio de vocabularios de lenguas extranjeras. Esta técnica fue propuesta por el Catedrático de Instituto de lengua inglesa Manuel Estrany a sus alumnos de primero y segundo de Bachillerato Unificado Polivalente (BUP) en los años 80. Técnica ya presenta ciclos formativos personalizados en el proceso formativo. Veamos este método con más detenimiento.

Método iterativo de adquisición de vocabulario por "punteo" de palabras.

Este es un método de aprendizaje de vocabulario de palabras de lenguas de otro idioma consistente en tener una lista de palabras y a su lado poner la equivalencia en el otro idioma, de modo que se tapa la lista de palabras en el idioma extranjero y se va siguiendo la palabra en la lengua propia, de modo que cuando se va pasando por la palabra en cuestión, se comprueba la capacidad de escribirla en el idioma extranjero.

Las palabras escritas correctamente son señalizadas con un punto que se escribe en su parte superior derecha. Una vez que se ha pasado por toda la lista, se repasa por aquellas palabras que no han sido marcadas con el punto. A la segunda vuelta ya las palabras marcadas son más numerosas que a la primera, se va repitiendo este proceso y el resultado final es que todas las palabras están marcadas con un punto. Se supone que ya todas las palabras están aprendidas. Esta situación se comprueba haciendo un nuevo repaso, y se observará que algunas de las palabras "aprendidas" se han olvidado. A estas, se las deja sin punto, y se pone un segundo punto a las palabras que se siguen recordando. Esta segunda operación de poner un segundo punto será más rápida que la primera. Cuando se han colocado tres puntos a todas las palabras, podemos decir que hemos trabajado suficientemente este vocabulario y que hemos aprendido ese vocabulario.

Objetivos Generales

Los objetivos generales del presente trabajo son proponer una Técnica de Trabajo Intelectual y analizar sus implicaciones epistemológicas.

Método

Uso del método interactivo personalizado para la adquisición de ideas.

El método del punteo de palabras descrito en la introducción, se caracteriza por ser personalizado y con él se consigue una optimización del tiempo y el esfuerzo empleado en el proceso de aprendizaje de palabras en una lengua extranjera. Pues bien, lo que se ha dicho y hecho con las palabras, se pretende ahora hacer con las ideas en general; de hecho podría decirse que adquirir conocimiento es adquirir vocabulario, porque ¿qué son las palabras en sí?, ¿no son grafías o voces dotadas de significado? y ¿qué son las ideas? sino conceptos o conjunto de conceptos que representamos con palabras o conjunto de palabras

La dificultad estribaría en que el modo de constatar que se conoce una palabra es más simple que el de reconocer una idea, pues lo que se pretende, como se ha dicho, es hacer con las ideas algo semejante a lo que se hace con las palabras en la técnica del punteo.

En el esfuerzo por adaptar esta técnica de aprendizaje de palabras al aprendizaje de ideas, el primer paso es sería, proceder a una exposición del alumno a la información objeto de aprendizaje por parte del mismo. Esta exposición puede hacerse de modo escrito, sonoro o audiovisual. Inicialmente sería escrita. Es decir, se solicita del alumno que lea la información que se le presenta por escrito. Para ello sería necesario que esta información estuviera escrita, es decir, un paso previo, sería una preparación del material de modo que este estuviera por escrito.

Para una asignatura de 6 créditos, estructuradas en 6 temas, de modo que cada tema fuera un crédito, es decir unas 10 horas lectivas presenciales por capítulo, podrían traducirse en una 20 páginas de texto, unas 7500 palabras. Este texto de 7500 palabras, puede dividirse en unos 50 párrafos los cuales se numeran.

El siguiente paso es, de cada uno de estos 50 párrafos, extraer al menos una pregunta tipo test. Concretamente preguntas con 4 respuestas propuestas, de las cuales solo una de ellas sería verdadera. Para la obtención de estas preguntas también se puede contar con el concurso de los alumnos. Idealmente se contaría con más de una pregunta sobre cada párrafo, concretamente con cuatro o cinco preguntas sobre cada párrafo.

Como se ha dicho antes, en primer lugar se sometería al alumno a una primera lectura del texto. Una vez hecho esto, con la aplicación informática adecuada, se le iría interrogado sobre cada uno de los párrafos de los que consta el tema, planteándole una pregunta tipo test que si responde correctamente se le considerará apto en ese punto de la materia. Si, por el contrario, no la responde correctamente o no lo responde, se le dejaría "pendiente", ese punto de la materia.

Una vez interrogado sobre todos y cada uno de los 50 párrafos de los que consta el capítulo, el alumno deberá someterse a una nueva lectura del mismo, pero solo de aquellos párrafos en los que no haya demostrado poseer un conocimiento suficiente, entendiéndose por esto no haber contestado correctamente a una pregunta sobre el mismo. De modo que si de los 50 párrafos ha demostrado tener conocimiento de, por ejemplo, 20 de ellos, en la siguiente vuelta o iteración, el alumno será sometido a la lectura de solos aquellos 30 párrafos en los que no haya demostrado tener el conocimiento suficiente, es a esto a lo que se ha denominado una iteración personalizada, el alumno solo repite aquellos puntos que él aún no ha demostrado indiciariamente conocer, pero que serían diferentes a los de otro alumno.

Una vez leídos los 30 párrafos "pendientes" el alumno sería sometido a un nuevo interrogatorio acerca de los mismos, esta vez con preguntas diferentes a las realizadas en la primera vuelta. O incluso con las mismas preguntas, si no se le informa de la respuesta correcta. Tendríamos así una primera iteración. En una segunda iteración, normalmente, de los 30 párrafos restantes, se "aprobarían" unos 15. Se procedería, por lo tanto, a una tercera lectura, una tercera iteración personalizada, esta vez solo de los 15 párrafos restantes. Tras la cual el alumno sería examinado de los mismos y acertaría, por ejemplo, 10 de los 15. En la siguiente iteración personalizada, el alumno se sometería a la lectura de los 5 párrafos restantes, de los cuales, normalmente, una vez examinados de los mismos acertaría 4. Con el único párrafo restante se produciría la última iteración personalizada y examinado de él, normalmente lo aprobaría.

Tras este proceso al alumno se le podría considerar apto en este capítulo. Un nuevo examen general, con 50 nuevas preguntas, pondría esto de manifiesto.

La duración estimada de todo el proceso es de 4 horas, dividida en dos sesiones de 2 horas. Este mismo proceso se repetiría con los 6 temas restantes. Un examen final de 50 preguntas extraídas a razón de 8 o 9 por tema, podría de manifiesto la aptitud del alumno sobre esta hipotética asignatura de 6 créditos.

El ECTS

Con el Sistema Europeo de Transferencia de Crédito (SETC), o en sus siglas en ingles ECTS (*European Credit Transfer System*), los créditos tienen otro significado. Los créditos anteriores constaban de 10 horas lectivas del profesor. En el Espacio Europeo de Enseñanza Superior (EEES) los créditos, que pasan a denominarse créditos ECTS, serán de entre 25 y 30 horas, incluyéndose no solo las horas lectivas, sino también las horas de estudio, las de tutorías, seminarios, trabajos a realizar, prácticas o proyectos, así como las necesarias para la preparación y realización de exámenes u otro tipo de evaluaciones.

De este modo, de estas 25 o 30 horas de las que constaba este crédito ECTS, se ocuparían 5 horas: 1 hora para la exposición inicial, otra hora para la primera evaluación, la tercera hora para la segunda vuelta, la cuarta para la tercera y sucesivas vueltas o iteraciones y la quinta para la evaluación global final.

Planteamiento individual o grupal

Hay que decir que el planteamiento inicial de esta metodología, sería para trabajo individual y para alumnos no presenciales. Los itinerarios personalizados se caracterizan por ser individuales. No obstante se puede diseñar un planteamiento de trabajo grupal y presencial.

Para una enseñanza presencial, el planteamiento sería diverso. El sometimiento del alumno a la lectura del texto sería sustituido por una exposición oral del profesor de la parte teórica o un audiovisual de la misma. Para el caso del audiovisual, la función del profesor sería la de responder a dudas o preguntas.

El apoyo informático vendría de la mano de una aplicación informática en la que se recogería el audiovisual compuesto de 50 escenas por tema, es decir, a una escena por párrafo. De modo que tras una exposición general de todo el tema, se le interrogaría al alumno párrafo a párrafo, o escena a escena. Y solo de aquellos párrafos en los que no hubiera acreditado indiciariamente su conocimiento, se les volvería a plantear el vídeo.

Hay que recordar que la enseñanza es cíclica, son repeticiones. La enseñanza estructurada en convocatorias, en las que si no es superado el examen el alumno debe volver a presentarse para ser examinado de nuevo, es algo que se asemeja a estos planteamientos pero a otra escala. En un primer examen no se espera que el alumno responda correctamente a todas las cuestiones, aunque podría darse el caso para alumnos con altas capacidades intelectuales o que ya hayan cursado asignaturas semejantes. Para asuntos relativos a convalidaciones de asignaturas ya aprobadas también este podría ser un buen modo de demostrar si el alumno tiene ya adquirido los conocimientos.

La preparación previa.

Toda esta metodología, obviamente, requiere de una gran preparación previa. En primer lugar se debe tener un texto con la literalidad de la materia objeto de evaluación. Este texto puede ser original, escrito por el profesor, pero también puede ser tomado de un manual publicado sobre la materia, sin incurrir por ello en una violación de la propiedad intelectual del autor, puesto que el fin para el que se dedica es la enseñanza. Una vez obtenido este texto, que puede ser, orientativamente, de unas 7500 palabras, es decir, unas 20 páginas, por cada crédito ECTS (*European Credit Transfer System*), el siguiente paso sería proceder a la numeración de sus párrafos.

Una vez hecho esto, se procedería a la lectura y grabación del audio de este texto, Audio de una duración aproximada de una hora, compartimentado en tantos fragmentos de audio como párrafos objeto de evaluación.

Un cuarto y último paso en la preparación del material didáctico sería la elaboración de un video que acompañara a este audio. En este video puede estar el mismo profesor dirigiéndose a la cámara, como mirando fijamente al espectador, pueden aparecer imágenes de otro tipo como gráficas, fotografías, esquemas, esquemas escritos por el mismo profesor en una pizarra o que vayan apareciendo con grafías de imprenta.

Formulación de la preguntas

Un elemento clave de toda esta metodología es disponer de un amplio conjunto de preguntas tipo test sobre todos y cada uno de los párrafos de los que consta el texto objeto de aprendizaje. Esta tarea supone también un arduo trabajo en el que pueden colaborar los propios estudiantes. Ya el hecho de la formulación de preguntas es un elemento de evaluación del propio estudiante y si son realizadas por los alumnos, se encontrarán en ellas múltiples deficiencias en la formulación de las preguntas y en las respuestas, si se utilizan las preguntas elaboradas por los propios alumnos, estas deben ser revisadas y corregidas en sus deficientes formulaciones.

Las preguntas fallidas

En todo el conjunto de preguntas de la que contamos para realizar las evaluaciones, las habrá mejor o peor formuladas. Y es posible que algunas no tengan una única respuesta correcta, o que el texto en el que se basan esté mal expresado o contenga errores. En el proceso de depuración de preguntas incorrectas o textos incorrectos, se puede desarrollar una actividad propia de actividad práctica, de contenido procedimental, que acompañe a este proceso formativo en contenidos conceptuales.

La opción de no sabe o no contesta

Una cosa es la evaluación oficial del conocimiento, para una calificación en una convocatoria oficial, y otra es la evaluación no oficial que vale para tener una idea del grado de conocimiento alcanzado por el alumno. Durante el proceso de repeticiones, se le debe aconsejar al alumno que si no sabe la respuesta, puede indicarlo, dejándola en blanco, o marcando la opción, "no sé" que se ofreciera, de este modo se le informaría de la respuesta mostrándole el texto donde se muestra la pregunta. No se iría buscando ahora una buena puntuación, la buena puntuación válida sería la del examen en una convocatoria oficial.

Las ideas previas y el cuestionamiento previo

Se puede incluir también un examen de ideas previas antes de iniciar este proceso formativo. Es decir, se puede empezar con una exposición inicial del temario, como se ha comentado arriba, o se puede empezar con un examen sobre el temario. Es posible que el alumno ya tenga algunas ideas previas adquiridas por diferentes vías o simplemente intuidas tras un elemental razonamiento lógico, el caso es que en vez de comenzar con una exposición completa del tema, se podría empezar con un examen sobre el tema. Ese cuestionamiento inicial aportaría un plus de motivación para el posterior momento de sometimiento a una lectura del tema o visionado del audiovisual. Se capta más la atención en aquello que responde a una pregunta que en aquello que se percibe, pero que no responde a ningún cuestionamiento previo. El método SQ3R, del que se ha hablado antes, plantea este mismo cuestionamiento como elemento motivador en el proceso de aprendizaje. Por lo tanto este cuestionamiento previo podría tener esa doble funcionalidad de elemento cuestionador/motivador y de examen de ideas previas. La finalidad del examen de ideas previas es, precisamente, conocerlas, para no perder tiempo y esfuerzo repitiendo cosas que ya el alumno conoce. En este método, en el que se busca la economización del esfuerzo y del tiempo, este análisis previo es más pertinente, si cabe, que en cualquier otra metodología.

La aplicación informática

Una vez obtenido el vídeo, también compartimentado en tantas secuencias como párrafos objeto de evaluación, se procedería a transferirlos a la correspondiente aplicación. Esta aplicación informática podría ser una base de datos *Access*, o una aplicación informática desarrollada en lenguaje de programación Java. Aplicación que no existe aún y que sería objeto de realización por parte de un equipo informático en colaboración interdisciplinar. Esta aplicación informática debería ser accesible en ordenador Portátil, Tablet o *I-phone*.

Resultados

Por encontrarnos en una fase preliminar no podemos aportar resultados concluyentes. Si puede decirse, que haciendo una valoración cualitativa, fruto del trabajo diario a lo largo de los años de experiencia docente, podría constatarse que un incremento en el número de las evaluaciones produce un aumento de los resultados académicos expresados en las calificaciones.

Discusión y conclusiones

La programación didáctica

Todo este proceso, igualmente, se inscribe en el seno de una programación docente, en la que se marcarían los objetivos docentes y las competencias a adquirir. En esta programación, cabría especificar también con qué competencia y objetivo estaría vinculado cada uno de los párrafos del texto objetos de estudio por los alumnos y base de los audiovisuales.

Gamificación

Uno de los aspectos de esta metodología, estriba en su potencialidad "gamificadora" de la enseñanza, es decir, en la posibilidad de convertir esta metodología en un juego de aprendizaje. El juego, game, en su equivalente en lengua inglesa, es un elemento motivador, por cuanto es algo aparentemente innato en los individuos, con un elemento también de competitividad. La competitividad parece ser también un elemento innato en el ser humano, existiría como una tendencia o un querer ser el primero, o ser más que el otro, quizá por cierto instinto de supervivencia, sea esa tendencia de mayor o menor intensidad según los colectivos humanos o sea o no de origen innato, lo que sí parece incuestionable es que esa tendencia se da y quizá más en una población juvenil. Es esta tendencia la que se pretendería aprovechar y encauzar hacia el proceso de enseñanza-aprendizaje. A lo largo del proceso formativo expuesto se puede ir obteniendo una puntuación para cada alumno que comparativamente con la de otros puede producir una clasificación en una escala, o ranking. Esta competitividad daría un plus de motivación al proceso de aprendizaje. Por lo tanto, como elemento objetivo para la competitividad sería necesario obtener una puntuación como resultado del proceso de aprendizaje.

Definición operacional del conocimiento

Estamos dando por supuesto que el alumno va adquiriendo cierto conocimiento y que este es evaluado y medido. Mucho es lo que se podría debatir en torno al concepto de conocimiento y la posibilidad de medirlo. Pero es obvio que necesitamos medirlo y para ello necesitamos definirlo. Podemos acudir al recurso de una definición operacional, es decir, definimos el conocimiento como aquello que medimos con un test de conocimiento.

Contenidos conceptuales y actitudinales

Este proceso formativo está orientada para la adquisición de contenidos conceptuales. En el proceso de aprendizaje hay que tener en cuenta también los contenidos procedimentales y los actitudinales. Este último es de una importancia tal vez descuidada. La actitud hacia el estudio es algo que, podemos decir, involuciona, o evoluciona de forma negativa, a lo largo del proceso formativo de los alumnos.

Ya con la lectura puede apreciarse algo semejante con los alumnos de Educación Primaria. En el periodo que va de los 6 a los 12 años, en el que los niños adquieren sus competencias lectoras, puede observarse como si bien la capacidad lectora evoluciona y los niños abandonan la Educación Primaria sabiendo leer correctamente, no pasa otro tanto con la afición hacia la lectura. Con las correspondientes escalas de medida de actitudes hacia la lectura para niños, se puede comprobar en multitud de Centro de Educación Primaria, como la actitud hacia la lectura es superior al inicio de la Educación Primaria que al final de la misma. Este hecho se pude trasladar a las actitudes hacia la actividad intelectual o estudio. Esta metodología iría orientada también hacia un fomento de la actividad intelectual. Se pretendería no solo incrementar los conocimientos de los alumnos, sino también de hacerlo del modo más eficaz posible y, simultáneamente, procurando que el alumno no genere unos sentimientos afectivos adversos hacia el proceso de estudio.

Para poner de manifiesto el efecto de esta metodología en las actitudes hacia el estudio de los alumnos, se podría plantear la elaboración de una escala de actitudes hacia el estudio, que se pasaría al inicio y al final de proceso.

La razón de una evaluación negativa y modos de evitarla.

Una evaluación negativa en una alumno, en una materia determinada, podría estar reflejando dos carencias; o bien, una deficiente presentación de la misma en el material que se le ofrece al alumno, o bien un déficit de atención por parte del alumno. Frente a lo primero, una reiterada respuesta incorrecta a una pregunta, por diferentes alumnos, puede estar reflejando que allí donde se da respuesta a esa pregunta existe una deficiente explicación de la cuestión, o bien una deficiente formulación de la pregunta. Frente a lo segundo, un déficit de atención del alumno, indicaría que el alumno no se concentra en la materia objeto de aprendizaje. Para ello se podría tener especial cuidado en reforzar los elementos llamativos de las exposiciones, sobre todo allí donde se mencionara un punto importante.

En términos generales podría decirse que una exposición en audio, genera en el alumno una menor atención que en texto y la exposición mediante un audiovisual, mayor que ambas. Por lo tanto esta última sería la elección a preferir.

Si tenemos en cuenta que un profesor repite su clase si tiene dos grupos en la misma asignatura, o, al menos, de un año para otro, una tarea no desdeñable sería la de realizar una grabación en vídeo de una de sus clases y presentar este video de duración controlada, en lugar de una exposición magistral por parte del profesor. El video debe constar de tantas secuencias como párrafos objeto de evaluación mediante preguntas

El paradigma positivista y la evaluación del conocimiento

En la discusión sobre la evaluabilidad del conocimiento podríamos encontrar dos posturas contrapuestas. Por un lado estaría la visión que podríamos llamar positivista y que se caracterizaría por una creencia en la objetividad de la realidad. Frente a esta posición estaría un denominado paradigma humanista, según el cual el ser humano sería la medida de todas las cosas y no habría una verdad absoluta sino en la medida que esta fuera sostenida por un número significativo de personas para quienes esa verdad sería "su verdad". Según el paradigma o la cosmovisión positivista, existiría una realidad objetiva y objetivable, independientemente de que esta fuera conocida o conocible por el ser humano. En la cosmovisión o paradigma humanista, denominada también relativista por sus críticos, la finalidad de la ciencia no sería tanto el conocimiento de una realidad objetiva, que en sus formulaciones extremas no existiría como tal, sino la de dotar de significado a esos fenómenos que se presenta ante el ser humano y que denominamos realidad. En las ciencias naturales en general, se adoptaría el paradigma positivista sin mayores discusiones, pero en las humanidades el paradigma humanista o relativista competiría con el positivista, teniendo ambos sus detractores y partidarios en personas e instituciones de acreditado prestigio, quizá en una proporción del 50%. Esta confrontación quedaría plasmada en el modo de evaluación del conocimiento. Así las pruebas objetivas, conocidas coloquialmente como exámenes tipo test, serían un instrumento apto para la evaluación del conocimiento desde la visión del paradigma positivista, sin embargo desde la visión o cosmovisión humanista, no serían adecuadas, sobre todo cuando el objeto de estudio es precisamente el ser humano.

Lo que sí parece cierto es que es necesario adoptar una u otra, no es posible adoptar ambas a la vez, no podríamos decir que una realidad es objetiva y subjetiva a la vez.

Dado que habría que optar una de las dos, adoptando una cosmovisión positivista, se considerará con esta metodología que el conocimiento es evaluable. Al margen de las discusiones que este punto pueda plantear, hay que decir que no queda alternativa al hecho de que, hoy por hoy, hay que evaluar a los alumnos, es necesario evaluarlos, calificarlos y clasificarlos, en una escala de 0 a 10. Y para ello aquí se propone utilizar como indicador del grado de conocimiento sobre una materia la capacidad de reconocer la respuesta correcta, o una respuesta correcta, entre varias que no lo son, a una determinada pregunta. De hecho el conocimiento podría ser entendido en término de respuesta a preguntas.

Cuando decimos que usamos como indicador de conocimiento, la capacidad de reconocer una respuesta correcta entre varias que no lo son, estamos dando por supuesto lo que entenderíamos por un indicador. Un indicador, a diferencia de un índice, nos estaría dando cuenta de una realidad, pero de un modo indirecto. Por ejemplo, diríamos que el número de líneas telefónicas por cada mil habitantes sería un indicador del grado de desarrollo de una comarca, y si intentáramos conocer ese dato de otro modo, la cuestión sería quizá bastante discutible, pero en general después de haber estado viviendo y conviviendo con los habitantes de una localidad, podríamos hacernos una idea subjetiva de lo que podríamos denominar su grado de desarrollo, si en vez de hacer esto tomamos una guía telefónica y contamos el número de páginas y los números por página que dedica a esa localidad, y el número resultante es por el que dividimos el número de habitantes de esa localidad y lo multiplicamos por mil, habremos obtenido una cifra que nos informa, o nos da una idea, del eventual grado de desarrollo económico de esa localidad, cifra que puede permitir hacer comparaciones.

Pues bien, siguiendo ese símil, se puede aplicar esa idea para la evaluación del conocimiento de una persona. Se puede tener una entrevista con un estudiante y estar conviviendo cuatro horas a la semana durante un cuatrimestre con ese alumno, y nos podremos hacer una idea subjetiva de su nivel de conocimientos, pero también podríamos tener una idea de sus conocimientos haciéndole un amplio cuestionario en el que estuviera ya indicada la respuesta correcta entre varias que no lo son. Esa capacidad de reconocer una respuesta correcta, o la falsedad de una afirmación, es lo que nos acredita muchas veces como competentes en una materia. Podría valer también el símil de nuestro comportamiento cuando acudimos a un profesional. Cuando alguien es desconocedor, por ejemplo, de la legislación vigente en materia de protección de datos personales o propiedad intelectual (legislación que suele afectar a la actividad docente) y es apercibido por un desconocido de estar realizando un acto presumiblemente contrario a la ley, la persona desconocedora de las leyes vigentes no es capaz de distinguir si el aviso es fundado o infundada, si acude a un profesional o compañero experto en Derecho, que estará formado y será competente en esa materia, este le podrá decir si el aviso es fundado o infundada, porque es competente en la materia y sabe reconocer una afirmación cuando es verdadera o falsa o conoce la respuesta verdadera a una pregunta. Si una persona, es capaza de reconocer una afirmación verdadera de entre otras que son falsas, estará acreditando su competencia en esa materia.

La evaluación del conocimiento mediante pruebas objetivas se basará en ese principio, y se concretará en multitud de procedimientos. Normalmente se utiliza el formato consistente en una pregunta ante la cual se ofrecen cuatro respuestas siendo solo una de ellas correcta. Hay otras variedades en las que se plantean tres respuesta en vez de cuatro. En otras opciones se plantea solo dos; a este tipo de preguntas se las denomina preguntas de "verdadero o falso". Las preguntas tipo verdadero o falso tendrían el inconveniente de dar una alta opción al acierto al azar, porque teóricamente, una persona con conocimientos nulos sobre una materia, tendría un 50% de probabilidad de acertar poniendo aleatoriamente una u otra respuesta.

Tendría, no obstante, esta opción el valor de estar mostrando de una manera bastante directa lo que es la expresión más elemental de la información, es decir, lo verdadero o lo falso, el ser o no ser, el blanco o negro, que cuando se presenta en múltiples combinaciones darían todas las escalas de grises y escalas cromáticas.

Referencias bibliográficas

Álvarez González, M. y Fernández Valentín, R. (1999). *CHTE: Cuestionario de Hábitos y Técnicas de Estudio. Propuesta de un programa de métodos de estudio.* Madrid: Tea.

Amador Muñoz, L. (2000). *Técnicas de estudio y aprendizaje en el ámbito profesional.* Sevilla: Instituto Andaluz de Administración Pública.

Brunet Gutiérrez, J. J. (1985). *¿Cómo programar las técnicas de estudio en EGB?: ejercicios prácticos.* Madrid San Pio X.

Jiménez Ortega, J. y Sousa Salguero, F. (2004). *Los mejores hábitos y técnicas de estudio: (educación primaria).* Madrid: La Tierra Hoy,

Alonso Álvarez, Á. y Fernández Moro, M. P (1991) *Manual de técnicas de estudio.* Madrid: Everest.

Ballenato Prieto, G. (2005).*Técnicas de estudio: el aprendizaje activo y positivo.* Madrid: Pirámide.

Beltrán Llera, J. y otros (2006). *CEA: cuestionario de estrategias de aprendizaje.* Madrid: TEA.

Blanquet, J. (2012).*Técnicas de estudio.* Barcelona: Ediciones del Serbal.

Castro Posada J. A. (1999) *Técnicas de estudio para universitarios: un reto para tu autoformación.* Salamanca: Amarú Ediciones.

Clough, E. (1998) *Técnicas de estudio y examen.* Madrid: Pirámide.

Cuenca Esteban, F. (1994). *Las técnicas de estudio en la educación primaria: manual del profesor de 1o, 2o y 3er. ciclo.* Madrid: Escuela Española.

Díaz, H. y otros (2009). *Técnicas de estudio II.* Santa Fe, Argentina: El Cid Editor

Esteban Rodríguez, J. L. y otros (1985). *Manual de hábitos y técnicas de estudio básicas.* Madrid: Patronato Municipal de Servicios.

Fernández, A. E. (1994) *Hábitos y técnicas de estudio: programa de asesoramiento.* Barcelona: Bellaterra.

Fernández, G. M y García, M. Á. (1995). *Las técnicas de estudio en la educación secundaria: materiales teórico-prácticos.* Madrid Escuela Española.

Gan, F. y Berbel, G. (1997) *Estrategias y técnicas de estudio y aprendizaje*. Barcelona: Apóstrofe.

González Cabanach R. y otros (2004) *Estrategias y técnicas de estudio: cómo aprender a estudiar*. Madrid: Pearson,

Izquierdo Moreno, C. (2005). *Técnicas de estudio y rendimiento intelectual: guía para estudiantes y maestros*. Alcalá de Guadaira, Sevilla: MAD.

Jiménez Ortega J.; González Torres, J. (1998) *Técnicas de estudio para bachillerato y universidad*. Tébar,

Jiménez Ortega, J. (1994) *Método práctico de técnicas de estudio: programa para la educación secundaria. Guía para el profesor*. Madrid: Visor.

Jiménez Ortega, J. y González Torres, J. (2005). *Método para desarrollar hábitos y técnicas de estudio: (bachillerato y universidad)* Madrid: La Tierra Hoy.

Jiménez Ortega, J. y otros. (1994) *Método práctico de técnicas de estudio: programa para la educación secundaria. Material para el alumno*. Madrid: Visor.

Lara Guerrero, J. (1992). *Técnicas de estudio y rendimiento académico*. Granada: Impredisur.

Mateos Manzano, S. y López González, J. M. (1995) *Técnicas de estudio y control de ansiedad*. Santander: Centro Cántabro de Psicología y Terapia.

Montaña Louzao, J. Prieto T. (1994) *Cuaderno de técnicas de estudio*. Madrid: Playor

Monterde Mainar, F. (1989). *Guía práctica de técnicas de estudio: para padres, educadores y estudiantes*. Barcelona: PPU: Institute Monter,

Pérez Anguas, M. I. (1992). *Manual de técnicas de estudio para el opositor*. Zaragoza: Mira.

Rotger Amengual, B. (1989). *Las técnicas de estudio en los programas escolares*. Madrid: Cincel-Kapelusz.

Ruíz de Bóo, M. C. (1987). *Taller de técnicas de estudio: propuesta de trabajo para la articulación de dos niveles: Enseñanza Primaria-Enseñanza Media*. Buenos Aires: A-Z.

Saa Portillo, V. (2009) *Técnicas de estudio I* .Santa Fe, Argentina: El Cid Editor.

Salas Parrilla, M. (2014). *Técnicas de estudio para secundaria y universidad*. Madrid Alianza,

Tierno, B. (1994) *Las mejores técnicas de estudio: saber leer, tomar apuntes y preparar exámenes*. Madrid: Temas de Hoy.

Tovar Bordón R. (2011). *Técnicas de estudio para TDAH: guía para padres y profesionales*. Madrid: Editorial CEP,

Vallés Arándiga, A.; Vallés Tortosa, C. (1997) *Técnicas de estudio, Tercer Ciclo de Educación Primaria*. Alcoy: Marfil.

Viana Arroyo, T. (1991). *Técnicas de estudio: metodología para un estudio agradable y eficaz*. Valencia: Blázquez.

CAPÍTULO VII

EL USO DEL KAHOOT Y DEL JUMBLE COMO HERRAMIENTA DE TRABAJO PARA LA ENSEÑANZA PARA LA HISTORIA ANTIGUA Y MEDIEVAL DE ESPAÑA

Dr. Anthony Álvarez Melero
Universidad de Sevilla, España

Dr. Alfonso Álvarez-Ossorio Rivas
Universidad de Sevilla, España

Lcdo. Francisco Cidoncha Redondo
Universidad de Sevilla, España

Dr. Víctor Sánchez Domínguez
Escuela Universitaria de Osuna, España

Resumen

El objetivo de nuestra ponencia es la de presentar una propuesta de futuro de cara a una mejor impartición de los contenidos de Historia Antigua y Medieval de España, tanto en la Facultad de Ciencias de la Educación como en la Geografía e Historia de la Universidad de Sevilla. Para ello, hemos empezado ya en este curso a implantar el uso de las herramientas de trabajo Quiz y Jumble disponibles gratuitamente en la plataforma Kahoot!, que se basan en parte en el manual "Fundamentos de Historia: Historia de España" que nuestro equipo de trabajo ha confeccionado y que es objeto de un artículo en este volumen, con el fin de apoyar no sólo la docencia de dichas materias, sino también de controlar los conocimientos previos que tienen los alumnos y alumnas sobre el tema, así como los adquiridos durante el tiempo de impartición de las clases. Al mismo tiempo, estamos empezando a desarrollar estrategias para reforzar el aprendizaje y el estudio particular de los estudiantes a través del uso de otras herramientas TIC y de la gamificación. Para ello, hemos solicitado un nuevo proyecto de innovación docente que se pondrá en aplicación durante el próximo curso. A través de nuestra experiencia docente, hemos podido comprobar que, por lo general, los alumnos y alumnas son muy receptivos a la hora de utilizar estos software que alían actividad pedagógica y lúdica.

Palabras claves

Kahoot!, Software, Historia Antigua y Medieval, Gamificación

Introducción

Hoy en día nuestras aulas se encuentran plagadas por jóvenes conectados a redes sociales, que visualizan videos y programas de televisión por el móvil, capaces de navegar y tener acceso a cualquier contenido de la red y a la vez saturados por una cantidad tal de información que su nivel de motivación, sorpresa e involucración en los estudios queda gravemente dañado. El docente encuentra serias dificultades para despertar su interés por los temas propios de cada materia. Desde el departamento de Historia Antigua de la Universidad de Sevilla, en el marco de tres proyectos de innovación docente concedidos o pendientes de concesión por sendos Planes Propios de Docencia de la Universidad de Sevilla, hemos notado cómo ese interés por la historia ha ido decayendo y perdiéndose con el paso del tiempo.

Una de las estrategias más recientes para captar de nuevo la atención y el interés del alumnado ha sido la aplicación de entornos lúdicos y dinámicas de juego dentro del proceso de aprendizaje, en complemento de las herramientas multimedia "tradicionales" ya en uso en nuestras aulas, tanto de la enseñanza obligatoria como universiteria, como lo expresan Gros (1997), Cabero Almenara y Márquez Fernández (1999), Romero Morante (2001) y Wiley y Ash (2015).

La gamificación, como nos indica Borras (2015) citando a (Zichermann y Cunningham, 2011; Werbach y Hunter, 2012) consiste en el uso de mecánicas, elementos y técnicas de diseño de juegos en contexto para involucrar a los usuarios y resolver problemas. Esta metodología de gamificación ha irrumpido en diferentes ámbitos destacando el mundo empresarial en el que el trabajo de Marín y Hierro (2013) es un ejemplo, y especialmente en el ámbito de la educación, en el que desde los trabajos de Lee y Hammer en 2011 y sobre todo del libro de Knapp en 2012 se desarrolla toda una línea de investigación sobre como las dinámicas desarrolladas en los nuevos juegos pueden mejorar diferentes aspectos de la enseñanza.

En nuestra opinión, las metodologías aplicadas por los sistemas de gamificación en sentido laxo apelan a instintos y emociones primarias como la competitividad y el afán de superación para que, por medio de estas dinámicas, extraídas de los distintos juegos que inundan nuestra sociedad, podamos atravesar ese muro de indiferencia y recobrar la atención de nuestro alumnado sorprendiéndolo, motivándolo y consolidando el proceso de aprendizaje.

La idea de plantear una propuesta de estas características surgió del trabajo individual de cada uno de los profesores implicados en sus respectivas asignaturas y la constatación de que el trabajo con los matriculados en el Grado de Historia (también en el Doble Grado de Geografía y Gestión del Territorio e Historia) y el Grado en Educación Primaria (con el Doble Grado en

Educación Primaria y Estudios y Cultura Francesa y el Doble Grado en Educación Primaria y Filología Alemana) planteaba importantes dificultades, en especial en relación con el elevado número de alumnos por clase, aunque también como consecuencia de los usos tradicionales de la enseñanza en estos ámbitos, así como por la artificial compartimentación en disciplinas y saberes que imponen los planes de estudios. Igualmente, de forma especial en el caso de los estudiantes de los distintos Grados de Primaria en los que impartimos docencia en la Facultad de Ciencias de la Educación, se detectó que los alumnos tenían dificultades con los contenidos que se les presentaban y, tras diferentes aproximaciones en la evaluación de ideas previas por parte de los diferentes docentes que imparten la asignatura "Fundamentos de Historia. Historia de España", se optó por realizar una acción conjunta en la que valorar el nivel de conocimientos con el que éstos llegaban al Grado[9]. Por ello, se procedió a confeccionar un cuestionario, que serviría más tarde para los Quiz de Kahoot!, lo que permitió identificar unas claras carencias que llevaron a la adaptación de la metodología docente así como a una reelaboracion de los materiales de estudio entre los que estuvo el proyecto siguiente de redacción de un nuevo "manual 2.0"[10] (vid art. Pag..). Tras su publicación surgió la necesidad de ofrecer actividades didácticas enfocadas no sólo a fomentar el atractivo de la asignatura, sino también sustentar sus conocimientos sobre la Historia. La experiencia docente nos llevó a observar cómo, pese a tener un sistema de prácticas adaptado a sus necesidades y un material de estudio más atractivo, dinámico e innovador (en cuanto a contenidos y presentación de los mismos), la metodología expositiva en las sesiones teóricas planteaba aún problemas debido a la lejanía de los contenidos y a las necesidades del alumnado en cuanto a motivación y atención. Así pues decidimos actuar por medio de un sistema de evaluación continua a través de controles previos, continuos y finales. Todo ello nos animó a buscar formas alternativas que mejoraran la formación del discentes y que les permitieran sentirse más involucrados en el proceso de enseñanza-aprendizaje.

La idea de recurrir a la plataforma noruega Kahoot! salió tras escuchar la intervención de Juan Pablo Mora durante las II Jornadas de Docencia Universitaria que tuvieron lugar en julio de 2015, a las que A. Álvarez Melero asistió como oyente. Desde entonces, siguió pensando en las potencialidades del software, hasta convencer a sus compañeros de departamento de apostar por su uso. Es por ello, que solicitó, junto a ellos, un proyecto de

---

9 Proyecto de Innovación Docente "Fundamentos de Historia. Historia de España. Vicerrectorado de Docencia de la Universidad de Sevilla" (14/2011).
10 Proyecto de Innovación Docente "Innovación y mejora docente en Historia Antigua", dentro de la Convocatoria 2016 de las Ayudas de innovación y mejora docente (Modalidad B).

innovación docente, en el que, mediante Gamificación y el Aprendizaje Basado en Juegos, se intente hacer las asignaturas de historia más atractivas, puesto que enfrenta a los estudiantes con sus conocimientos previos y los adquiridos a lo largo del periodo de impartición de la materia que compone el temario. Con el recurso a nuevos materiales didácticos tales como el Kahoot![11], y en concreto a los Quiz y al Jumble, en primer momento, así como, más adelante, a Socrative[12], TimeLine[13] o Minecraft[14], entre otros, se pretende construir un conjunto de herramientas de refuerzo al estudio en paralelo a los capítulos del temario, concebidas como actividad complementaria a las clases teóricas al uso impartidas en la actualidad. En efecto, entendemos que el proceso de aprendizaje es una labor compartida en la que cada parte tiene su misión y su objetivo: el profesor debe facilitar, guiar, aclarar y fomentar la puesta en marcha de dinámicas que favorezcan el aprendizaje; el alumno tiene que querer aprender, esforzarse por seguir los contenidos y mantener una actitud despierta y atenta con los retos y conocimientos que se le plantean. Para ello, además de una buena elección de los recursos didácticos, una correcta planificación, el entusiasmo del profesor, que sólo son una parte del proceso; hay que añadir la voluntad de aprender del alumno, apelando a la curiosidad y la competición, siempre en tono distendido, con sus compañeros.

En cualquier caso, algunos de los componentes del grupo de trabajo que solicitó el proyecto anteriormente mencionado, cofirmantes del artículo, ya dieron algunos pasos en esa dirección, con la utilización de la plataforma Kahoot!, por ejemplo. En efecto, tanto el coordinador de este proyecto como el miembro del equipo D. Francisco Cidoncha Redondo ya han realizado varios Quiz y Jumble para asignaturas de las Facultades de Geografía e Historia y Ciencias de la Educación, que veremos con más detenimiento a continuación. Antes de proseguir, conviene aquí brevemente señalar las diferencias entre el Quiz, en el que se ofrecen cuatro repuestas a la pregunta que se le hace a los alumnos, mientras que el Jumble necesita mejor preparación dado que hay que ordenar las respuestas, en su debido orden, de izquierda a derecha, ya que la plataforma las coloca de forma totalmente aleatoria. Ni que decir tiene que su utilidad va más allá del aspecto lúdico, puesto que prestan un apoyo valioso al estudio por parte de los alumnos,

---

11 www.kahoot.com. Sobre el historial del software: https://kahoot.com/company/.
12 https://socrative.com.
13 Sobre TimeLine, ver los comentarios expuestos en estos blogs: https://ineverycrea.net/comunidad/ineverycrea/recurso/timeline/c77878a5-c9ee-4acb-81f1-74d7eb6eaa2f; https://profeyrolero.wordpress.com/2016/10/27/juegos-para-clase-timeline/; https://nubedejuguetes.wordpress.com/2014/04/08/timeline-un-ejemplo-de-juego-educativo/.
14 https://education.minecraft.net.

que pueden así probar o revisar sus conocimientos sobre la Historia de la Península ibérica en la Antigüedad o del Mundo clásico en general.

Además del recurso a las potencialidades de la mencionada plataforma, es intención nuestra utilizar herramientas de gamificación para no sólo ampliar la cantidad de material a disposición de los discentes, sino también contribuir a diversificar los soportes didácticos de las distintas asignaturas a las que se aplicaría.

Objetivos Generales

Todo lo expuesto anteriormente nos llevó a la planificación de un nuevo proyecto de innovación docente "Nuevas formas de docencia en Historia antigua: el uso de nuevos software lúdicos-educativos", pendiente de resolución, donde vimos que el potencial que nos presentaban tanto los software como la gamificación era extrapolable a otras asignaturas de otros grados concretamente tales como "Historia del Próximo Oriente en la Antigüedad", "Historia del Mundo Clásico", ambas en primero del Grado de Historia y Doble Grado en Geografía y Gestión del Territorio e Historia, así como, en segundo de ambos Grados, la asignatura "Historia de la Península ibérica durante la Antigüedad" y en tercero "Sociedades y Culturas del Próximo Oriente Antiguo".

Por ese motivo, planteamos los siguientes objetivos, dado que los "juegos" y la gamificación presentan claras ventajas a diferentes niveles:

1º Rompen la rutina de la clase provocando un impacto emocional en el alumno

2º Promueven el interés y la participación del alumno

Pero además, dependiendo del tipo de dinámicas se puede potenciar su aprendizaje cooperativo, colaborativo, podemos conseguir la fidelización tanto con las clases como con las tareas por medio de sistemas PBL (Points, Badges, Lead ranking).

Como bien nos recuerdan los profesores Renobell y García en su trabajo de gamificación, ésta, que antaño también se usaba, ha resurgido como un método de enseñanza o conjunto de herramientas de gran utilidad, innovación y éxito para el docente. Desde los sistemas de RPG, a los juegos de construcción pasando por todos los tipos de dinámicas basadas en juegos de preguntas y respuestas, el docente de hoy en día tiene un amplio repertorio para alterar sus clases y captar la atención y fomentar la participación del alumno.

En nuestra opinión, la labor educativa del docente universitario consiste principalmente en facilitar el aprendizaje y mejorar el rendimiento y posibilidades intelectuales de los estudiantes. Se defiende, por tanto, un aprendizaje que sea en buena medida autónomo, aunque dirigido, para propiciar el máximo rendimiento de los esfuerzos tanto del alumno como del propio profesor. Se trata de enseñar a pensar y a desarrollar el espíritu crítico; de aportar los datos, la bibliografía, las fuentes, las construcciones teóricas, y, en definitiva, de presentar la Historia en toda su complejidad, sin discursos planos, para despertar el interés en los alumnos por una disciplina que no está cerrada, sino en continuo crecimiento y cambio, y mejorar su formación.

Por fortuna, en el ámbito universitario, el estudiante suele tener esta predisposición y muestra en su mayoría bastante interés por las materias. Se viene observando, además, que el alumno de nuevo ingreso, sin tener una gran formación previa, suple esta carencia con una buena predisposición a aprender y trabajar, aspecto que es importante saber identificar y desarrollar por parte del profesor. Esta es, sin duda, una de las misiones más relevantes, la de planificar la metodología y escoger los recursos didácticos para interesar y atraer al alumno, y hacerlo, además, sin menoscabo, por supuesto, del nivel que deben tener las enseñanzas y los conocimientos que se imparten en las carreras universitarias. En este sentido, parece que en los últimos años el trabajo constante y dirigido -como las lecturas, las clases abiertas y participativas, el planteamiento de ensayos y pequeñas investigaciones-, tiene mejor acogida y resultado que el enfrentamiento con un examen final que era la característica tradicional, e incluso la deseada, por el alumno con anterioridad. Este tipo de procesos educativos casan mejor, por otra parte, con los objetivos que debe perseguir la docencia universitaria en Historia, pues son óptimos para "fomentar en los estudiantes la capacidad de pensar críticamente" e instruirlos "en los conceptos, categorías y utillaje del historiador y en el manejo de las fuentes primarias" (Catalá Sanz 2004: 17).

Así pues, entre los objetivos que planteamos, están:

- Establecer un debate sobre los contenidos fundamentales, los puntos claves, las informaciones más relevantes para la enseñanza con estas herramientas, variadas en sus objetivos y su concepción, entre los profesores del Departamento de Historia Antigua que imparten docencia en los grados y las asignaturas implicados en el proyecto.

- Generar unos materiales docentes que ayuden a superar el marco tradicional que presentan las asignaturas de Historia Antigua, que son excesivamente teóricas, presentan sobreabundancia de textos, y apenas tienen en cuenta el elemento práctico de la docencia, a pesar de que los planes de estudio de los Grados determinan que prácticamente un tercio de la docencia debe ser de carácter práctico.

-   Fomentar la evaluación continua con la puesta a punto de materiales de refuerzo, tal y como el manual que fue objeto de un proyecto anterior (http://hdl.handle.net/11441/55473), haciendo especial hincapié en la presentación formal de dichas herramientas de trabajo.

-   Desarrollar un nuevo método de prácticas en el ámbito del conocimiento del Mundo Antiguo que genere asimismo una metodología alternativa de evaluación de los alumnos.

-   Permitir a los alumnos ejercitar habilidades fundamentales para el ulterior desarrollo de su vida académica y profesional, tales como las relativas al manejo de nuevas tecnologías, fomentando siempre una atmósfera de pluralidad y tolerancia.

-   Fomentar el desarrollo de la capacidad crítica entre el alumnado.

Método

Teniendo en cuenta todas estas consideraciones previas y en resumidas cuentas, un grupo de profesores del Departamento de Historia Antigua propone, con el fin de innovar la metodología docente, el desarrollo de varias herramientas de trabajo partiendo de las plataformas ya mencionadas (Kahoot!, etc.) y de materiales docentes, algunos todavía por confeccionar, que completen el manual que redactamos al uso. Está editado por F. Lozano Gómez, Alfonso Álvarez-Ossorio Rivas y Víctor Sánchez Domínguez, que fue presentado en el simposio 22 de este mismo congreso y en cuyas actas publicadas se podrá recabar más información. Su título es *Fundamentos de Historia. Historia de España*, Sevilla, 2017.

Partiendo de este manual de libre acceso para los estudiantes, se procederá a la creación de un conjunto amplio herramientas de trabajo que permita, por una parte, cerciorarse de los conocimientos esenciales que se deben de disponer sobre la Historia de España durante la Antigüedad y la Edad Media en los primeros años de formación universitaria, así como su autoevaluación y el refuerzo del estudio; por otra parte, mediante la armonización y la coordinación de los contenidos en todos los grados en los que se imparte docencia introductoria sobre Mundo Antiguo, se procederá a adaptar la herramienta para que contribuya al control de los conocimientos, aludiendo siempre a los contenidos presentes en el libro redactado al efecto. Por ejemplo, en los Quiz o Jumble, al proporcionar a los estudiantes las distintas respuestas a las preguntas que se les hace, se creará un vínculo hypertextual que les permita acceder directamente al pasaje al que se refiere en el ejercicio y disponer así de primera mano de la información imprescindible para repasar sus conocimientos.

Como podemos observar, lo que se pretende es generar e introducir de manera paulatina elementos de gamificación que sean útiles al docente para las distintas fases de evaluación (inicial, continua y final) y que aporten un "feedback" claro y automático. La vinculación con el libro retroalimentará el uso de éste y el uso de las diferentes actividades alterarán la rutina de la clase rompiendo la monotonía.

Esta actividad ya ha comenzado a realizarse por parte de algunos de los profesores en los distintos grados y planteamos, tras estudiar los resultados que presentaremos en el siguiente apartado, ampliar el número de actividades contando con la ayuda de nuevos especialistas dentro del proyecto "Nuevas formas de docencia en Historia antigua: el uso de nuevos software lúdicos-educativos", ya mencionado, que hemos pedido recientemente.

De esta manera tras la fase de experimentación del curso 2016/17 planteamos realizar una remodelación y ampliación de los materiales docentes de la asignatura que nos permitan en el curso 2017/18 modificar de manera significativa las dinámicas en las clases.

Resultados

En los primeros días de docencia en la asignatura "Fundamentos de Historia. Historia de España", impartida entre febrero y marzo de 2017, en cuanto al apartado de Historia antigua y medieval se refiere, se realizó con los alumnos un Quiz de Kahoot! para conocer las ideas previas que tenían sobre la materia[15]. Todos los profesores que imparten dicha asignatura realizaron la misma actividad con cada uno de sus grupos del Grado de Educación Primaria. Concretamente, el 8 de febrero de 2017, el profesor A. Álvarez Melero realizó esta actividad de ideas previas a un grupo de veinte estudiantes. El Quiz estaba compuesto por treinta preguntas que abarcaban todos los temas relacionados con la Historia Antigua y Medieval de la Península Ibérica. Por ejemplo, se pedía nombrar a los principales colonizadores del Sur peninsular, entre 4 posibilidades: los fenicios (respuesta correcta), los griegos, los etruscos y los árabes[16]. En todo caso, al término de la actividad, los resultados obtenidos fueron los siguientes: respuestas correctas (39%) y respuestas incorrectas (61%)[17].

Tras impartir los contenidos de las asignaturas, se realizaron actividades con el fin de repasar y saber los conocimientos que habían sido adquiridos por los alumnos. Para ello, en un principio se realizó un Jumble con todos

---

15 Para acceder a un Quiz o un Jumble, es preciso entrar por la dirección www.kahoot.it. El Quiz que se realizó en clase: https://play.kahoot.it/#/k/76f79216-ac17-4ff9-8505-f66f772bce08.
16 Ver en el anexo la imagen nº 1.
17 Ver en el anexo el gráfico nº 1.

los grupos de la misma asignatura[18]. Con ello pudimos comprobar que para los estudiantes esta herramienta didáctica presentaba una mayor dificultad y solían cometer un número mayor de fallos que con un simple Quiz. En efecto, el Jumble, que es un recurso que la plataforma Kahoot! puso a disposición de sus usuarios hace pocos meses, requiere, por parte de los alumnos, un ejercicio de reflexión más intenso, como ya lo se explicó anteriormente. Se les pidió, por ejemplo, colocar por orden cronológico los distintos pasos que llevaron a los visigodos a la Península ibérica, pregunta de suma complejidad si el alumno desconoce la cronología y la geografía de Europa[19]. Otro ejemplo puede ser colocar jerárquicamente, del nivel más bajo, a la izquierda, al más alta, a la derecha, estructuras administrativas, como en el caso de la Hispania bajoimperial[20]. Además, dada la finalidad de revisión del ejercicio al término de las clases, las preguntas y las posibles respuestas también presentaban una mayor complejidad que las realizadas anteriormente. A pesar de ello, los alumnos estuvieron muy motivados y participaron de una manera activa. Posteriormente, con los mismos alumnos se volvió a realizar de nuevo el primer Quiz para ver cómo habían evolucionado a lo largo de estas semanas de clase. Los resultados fueron positivos: preguntas correctas (66%) y preguntas incorrectas (34%)[21].

Por último, el día 22 de marzo de 2017 en algunos grupos de dicha asignatura se realizó otra actividad de repaso sobre la Historia de Roma[22]. Para comenzar, se proyectó un video realizado por Academia Play (herramienta de aprendizaje a través del formato vídeo)[23]. Tras ello, se propuso a los alumnos la realización de un Quiz con preguntas vinculadas tanto con el video como con los contenidos de la asignatura, concretamente sobre la Historia de Roma. Un ejemplo de pregunta es que digan cómo se conocen las guerras que enfrentaron a Cartago y a Roma, siendo la opción correcta Guerras Púnicas[24]. El profesor F. Cidoncha Redondo realizó dicha actividad en una clase de quince alumnos y contó con un total de veinte preguntas. Los resultados fueron satisfactorios: preguntas correctas (61%) y preguntas incorrectas (39%)[25].

---

18 https://play.kahoot.it/#/k/7dcfd111-3dde-4322-9e80-0803cc4afadd.
19 Ver en el anexo las imágenes nº 3 y 4.
20 Ver en el anexo las imágenes nº 3 y 4.
21 Ver en el anexo el gráfico nº 2.
22https://play.kahoot.it/#/?quizId=33fbc72b-8774-447f-9e2b-c9afc0d97a36.
23 Academia Play (2016). El Imperio Romano en 10 minutos. Recuperado de https://academiaplay.es/imperio-romano-10-minutos/ [Recuperado 20/07/2017]
24 Ver en el anexo la imagen nº 2.
25 Ver en el anexo el gráfico nº 3.

Igualmente, en la en la asignatura "Sociedades y Culturas del Próximo Oriente Antiguo", impartida en Grado de Historia, el prof. A. Álvarez Melero realizó otro Quiz de la plataforma Kahoot![26]. La actividad se llevó a cabo el 30 de marzo de 2017 en un grupo compuesto por 18 alumnos. El Quiz utilizado en este caso contaba con treinta preguntas relacionadas con la Historia de Mesopotamia: ¿Cómo se llaman los templos mesopotamios? (Zigurat) o ¿Cuáles son las fechas del reinado de Hammurabi de Babilonia? (1792-1750 aC.)[27]. Los resultados fueron: preguntas correctas (49%) y preguntas incorrectas (51%)[28]. Al finalizar la docencia, el 2 de junio, se volvió a realizar este ejercicio en la misma asignatura y con los 3 alumnos que disponían de material informático adecuado. Los resultados fueron los siguientes: preguntas correctas (59%) y preguntas incorrectas (41%)[29].

A través de los resultados obtenidos en ambas titulaciones y en diferentes asignaturas, podemos observar una mejoría y una participación activa de los estudiantes que utilizan estas herramientas. El grado de satisfacción entre ellos a la hora de realizar este tipo de actividades es bastante alto, involucrándose y valorando positivamente la importancia del uso de estas herramientas didácticas.

Discusión y conclusiones

En conclusión, tras examinar el resultado de las pruebas reales hechas en clase, el uso de los Quiz y Jumble de Kahoot!, como paso previo al recurso más sistemático a otras plataformas y software anteriormente mencionados, gracias a los materiales ya confeccionados, permite disponer de unas herramientas de trabajo consolidadas. En efecto, queda claro que es posible, mediante una puesta a punto minuciosa del ejercicio, permitir a los alumnos y alumnas prepararse adecuadamente para el examen, amén de poder enterarse de la evolución, positiva, de sus conocimientos. Además, el aspecto lúdico que ofrecen tanto para los profesores, como para los estudiantes, añade un atractivo a unas asignaturas que no siempre gozan de gran popularidad. El empeño personal de los docentes en convertir la historia en una materia amena, puede contribuir, sin lugar a dudas al éxito del experimento. En cierta medida, responde a una petición que se nos hace por parte de los discentes, en pos de innovación, manejabilidad y comodidad para una mejor preparación de cara a la prueba final.

Sin embargo, si muchas son las ventajas, no se puede pasar por alto los obstáculos y desafíos a los que nos debemos enfrentar. Dejando de lado la im-

---

26 https://play.kahoot.it/#/k/ee9ece4b-b4cb-4240-8d94-b363d646c064.
27 Ver en el anexo las imágenes nº 5 y 6.
28 Ver en el anexo el gráfico nº 4.
29 Ver en el anexo el gráfico nº 5.

prescindible necesidad de disponer de recursos audiovisuales y a una conexión a Internet de calidad, que puede crear problemas en algunas aulas de la Facultad de Geografía e Historia de la Universidad de Sevilla, se debe mencionar el escepticismo ciertos compañeros ante el uso de las nuevas tecnologías y la innovación docente en general. Claro está que nunca se debe menospreciar y dejar al margen del proceso de formación las clases magistrales, con el estudio basando en libros, pero el recurso a los medios informáticos puede resultar ser una vía para atraer y motivar a los estudiantes. En todo caso, esperamos que esta reflexión sirva como contribución para zanjar un debate cuyo final no deja de ser incierto.

Referencias bibliográficas

Borrás Gené, O. (2015). Fundamentos de la gamificación. Madrid: Universidad politécnica de Madrid.

Cabero Almenara, J. y Márquez Fernández, D. (dir.) (1999). La producción de materiales multimedia en la enseñanza universitaria. Sevilla: Kronos.

Catalá Sanz, J. A. (Coord.) (2004). Libro Blanco. Título de Grado en Historia. Madrid: ANECA. Rescatado de http://docplayer.es/9690572-Titulo-de-grado-en-historia.html [Consultado el 29 de julio de 2017]

Gros, B. (1997). Diseños y programas educativos. Pautas pedagógicas para la elaboración de software. Barcelona: Ariel.

Kapp, K. (2012). The Gamification of Learning and Instruction: Game-Based Methods and Strategies for Training and Education. San Francisco: John Wiley & Sons.

Lee, Joey J., Hammer, Jessica (2011) "Gamification in education: What, how, why bother?" Academic Exchange Quarterly, vol. 15, n⁰ 2, 146–1151.

Lozano Gómez, F., Álvarez-Ossorio Rivas, A. y Sánchez Domínguez, V. (Eds.) (2017). Fundamentos de Historia. Historia de España. Sevilla: Universidad de Sevilla. Secretariado de Recursos Audiovisuales y Nuevas Tecnologías SAV.

Marín, I. y Hierro, E. (2013). Gamificación: el poder del juego en la gestión empresarial y la conexión con los clientes. Barcelona: Empresa Activa.

Renobel Santaren, V. y García Gaitero, F. (2016). Gamificación en la educación: Reinventando la rueda. Rescatado de http://dimglobal.net/revistaDIM34/docs/DIMAP34gamificacion.pdf. [Consultado el 29 de julio de 2017]

Romero Morante, J. (2001). La clase artificial. Recursos informáticos y educación histórica. Madrid: Akal.

Werbach, K. y Hunter, D. (2012). For the Win: How Game Thinking Can Revolutionize Your Business. Wharton Digital Press.

Wiley, J. y Ash, I. K. (2005), Multimedia Learning of History. En R. E. Mayer (Ed.), *The Cambridge Handbook of Multimedia Learning* (pp. 375-391). Cambridge: Cambridge University Press.

Zichermann, G. y Cunningham, C. (2011). Gamification by Design: Implementing Game Mechanics in Web and Mobile Apps. O'Reilly Media.

CAPÍTULO VIII

POLÍTICAS DE LO DIVERSO EN EL APRENDIZAJE EN LA FABRICACIÓN DIGITAL

Francisco González de Canales
Universidad de Sevilla, España

Nuria Álvarez Lombardero
Architectural Association School of Architecture, Reino Unido

Resumen

Los medios digitales tienen una tendencia a homogenizar y aplanar a través de sus protocolos de procesamiento de datos, los matices y diversidad de los inputs de los participantes en un proceso creativo. Basado en dos experiencias de talleres de construcción colaborativa que utilizaron técnicas de fabricación digital y se desarrollaron en La Habana y Valparaíso, la siguiente comunicación discute modelos de subversión de esos procesos homogeneizadores como parte de un aprendizaje en el que trabajar colaborativamente no significa el tener que doblegarse a una línea principal de actuación. De este modo, se enfatiza la necesidad de trabajar con lo digital desde una perspectiva que haga al alumno entender su posición individual y colectiva dentro de un proceso, y la aceptación de la pluralidad en todo aprendizaje desde unas pautas más democráticas.

Palabras clave

Política, fabricación digital, prácticas colaborativas, aprender haciendo

Introducción

Los talleres de Fabricación Digital (o "fab labs") han transformado en las últimas décadas el panorama académico arquitectónico mundial. Aunque algunos arquitectos y docentes sigan utilizando el fab labs como un taller de maquetas tradicional ahora apoyado por nuevas tecnología, existen un gran número de profesionales y académicos que han estado explorando las nuevas posibilidades formales que estas herramientas pueden ofrecer al arquitecto. Apoyados por la enseñanza y la utilización de un determinado software (que por otra parte predetermina en gran medida un tipo de geometría compleja), los fab labs postulan un cambio de paradigma a la hora de pensar el desarrollo formal arquitectónico, basado en la parametrización de variables controladas bajo funciones matemáticas.

Sin embargo, a pesar de la apertura de posibilidades que estas nuevas herramientas representan, los resultados producidos en los talleres de diseño que tratan de explorar más fehacientemente las posibilidades de los fab labs han sido por lo general muy similares en la última década en universidades de todo el mundo. Existen dos elementos que pueden estar relacionados con este hecho. Por un lado, los modelos desarrollados en los fab labs tienen una tendencia a ser muy autorreferenciales. Esto se debe en gran medida a la propia lógica de desarrollo formal a través de sistemas generativos parametrizados. Pero por otro, los diseños tienen también una alta tendencia a la homogenización. Debido a la parametrización a través de funciones matemáticas, se tiende a solucionar las distintas diferenciaciones necesarias en el proyecto arquitectónico como deformaciones topológicas en continuidad, tratando de eliminar cualquier ruptura, discontinuidad o cesura en el diseño. Como resultado, los objetos generados en los fab labs generan aún a su alrededor un extraño sentido de ensimismamiento, casi como si les costara conectarse con la realidad y siguieran recluidos en el espacio abstracto e infinito de la pantalla del ordenador.

Exposición del Programa expecializado en Fabricación Digital DRL en la Architectural
Association de Londres

Objetivos Generales

Frente a este panorama general se planteó la iniciativa de innovación docente Politics of Fabrication Laboratory (PFL) como una manera de resituar en la realidad social y constructiva contemporánea los procesos de fabricación digital. En las dos experiencias que se llevaron a cabo en Chile (Ciudad Abierta) y La Habana (CUJAE), la premisa de partida era hacer de la fabricación digital un hecho colectivo, diverso y plural. Frente a la autorreferenciación y homogenización tan común en la producción en los fab labs contemporáneos, lo que interesaba en estas experiencias era el conflicto, en el sentido de que varias posiciones o maneras de entender el proceso de diseño y fabricación pudieran coexistir, permitiendo lo híbrido, lo compuesto e incluso lo contradictorio. Siguiendo la tradición política agonista que va desde Hannah Arendt hasta Chantal Mouffle, hablar de lo político en la fabricación digital era reconocer la necesidad de una oposición plural entre modos de hacer colectivos, ya que para la tradición agonista, lo político es un conflicto entre múltiples partes que debe mantenerse vivo. Según la politóloga contemporánea Chantal Mouffe lo político es "la dimensión de antagonismo (...) constitutiva de las sociedades humanas, mientras que (...) "la política" es el conjunto de prácticas e instituciones a través de las cuales se crea un determinado orden, organizando la coexistencia humana en el contexto de la conflictividad derivada de lo político" (Mouffe, 2007:16).

Método

Los dos talleres se realizaron en dos contextos muy cargados históricamente respecto a la experimentación en arquitectura. La Ciudad Abierta de Ritoque, vinculada a la Universidad Católica de Valparaíso, fue fundada por arquitectos y poetas para llevar a cabo un modo de vida alternativo sobre un vasto terreno principalmente dunar y a orillas del pacífico. En las construcciones radicalmente experimentales de la Ciudad Abierta aún habitan descendientes de estos pioneros en una comunidad que aún sigue creciendo. La CUJAE (Ciudad Universitaria José Antonio Echeverria) es sin embargo un gran complejo público. Se trata junto con las Escuelas de Arte de Porro, Garatti y Gottardi de uno de los primeros proyectos acometidos por la revolución cubana, y donde se ensayó un sistema prefabricado insitu que da lugar a uno de los espacios de educación colectiva más singulares de América Latina.

La metodología de los talleres partía de contar con un grupo plural de agentes. El PFL1 en Ciudad Abierta se contó con un equipo formado por estudiantes de arquitectura de varios países, diseñadores industriales, gestores culturales, poetas, profesores de distinto rango de la escuela local y la propia comunidad de residentes de la Ciudad Abierta. Distintas conversaciones con los representantes de la cooperativa Amereida (que gestiona la Ciudad Abierta), los residentes, los poetas y los profesores de la escuela de Valparaíso fueron importantes para poder establecer un panel de cuestiones que importaban y debíande tratarse en distintas zonas públicas de la ciudad. La pertinencia y necesidad del proyecto escogido se votó en una asamblea entre todos los participantes y representantes de la Ciudad Abierta. Finalmente, la decisión fue realizar un espacio de antesala a la conocida como la Sala de Música, el edificio litúrgico y central en cualquier acto público o comunitario de la ciudad.

La construcción de esta estructura se planteó desde un principio con tablas o listones madera, reafirmando la tradición de las primeras construcciones de hospederías en la Ciudad Abierta, realizadas con formas sinuosas y de compleja geometría con tablones de maderas. La estructura fue proyectada con herramientas digitales, utilizando en particular como software Rhino y Grasshopper, lo que suponía una enorme ventaja a la hora de sistematizar la construcción de una estructura compleja como la que se iba a construir. En este sentido, los alumnos internacionales tenían un mayor conocimiento de estas herramientas, pero fue sin duda la relación con los alumnos y profesores ayudantes locales, con larga experiencia en construcciones complejas de madera lo que ayudó a plantear la transición digital/material más correcta. Mientras que para los de Valparaíso la novedad consistía en poder trabajar con el proyecto como un todo, controlado desde el dibujo arquitectónico todo el proceso y la forma arquitectónica final, y no como algo improvisado que se va resolviendo in situ, para los estudiantes internacionales, con experiencia en el uso de herramientas digitales, la inteligencia constructiva local servía de guía para adecuar al diseño hacia soluciones realistas y la determinación de puntos críticos que requerían una mayor atención o soluciones especiales.

Taller de Grasshopper en la Sala de Música de la Ciudad Abierta durante el PFL1

En el PFL2 de La Habana en la CUJAE el requerimiento principal para la construcción era la ligereza. Esto se debió a que no se podía contar con ningún tipo de materiales de allí. No es sólo ya que en Cuba apenas se puede comprar nada, sino que la romántica idea del reciclaje, tan propia de muchos proyectos que tratan de hacer poesía de la escasez, parecía aún más ingenua allí que en cualquier otro sitio. Todo lo que pudiera ser mínimamente usable ya había sido reciclado o reutilizado con creces por cualquier habanero de a pie. Por ello, todo lo que podíamos utilizar tenía que caber en nuestra maleta, y de ahí que la solución de una arquitectura textil fuera la que a priori nos pareciera más apropiada. Compramos tela resistente blanca y gris y también de exagerados colores metálicos, que luego tendrían una importancia importante en la ejecución final del diseño. Aparte llevábamos las herramientas, cables, tensores y bridas de plástico, muy útiles para soluciones rápidas. El equipo lo formábamos un grupo de estudiantes internacionales de Chipre, Italia, México y España, profesores de la CUJAE y artistas cubanos. Al igual que el trabajo en Ciudad Abierta las propuestas de diseño se votaron abiertamente con representantes de la universidad, estudiantes y los participantes de la experiencia. Se decidió que una pequeña estructura tensada inspirada por las formas de Wilfredo Lam podía servir de pabellón alrededor del cual pudieran recostarse los estudiantes en pequeñas charlas y proyectar clases de arte en el techo.

Materiales disponibles traidos en las maletas para el PFL2

En el PFL2 de La Habana, la realización de la estructura se hizo con un proceso de high-tech/low-tech. El diseño era enteramente digital, al igual que su despiece, realizado con Grasshopper. No obstante, al no poder contar con herramientas de fabricación digital (cnc, cortadora laser, etc.) se optó por a una solución intermedia; es decir, la geometría del despiece calculado digitalmente era proyectado sobre la pared con un proyector de video, y una vez calibrado a escala 1:1, se superponía la tela y se marcaba con lápiz el corte que después sería ejecutado manualmente, al igual que su posterior cosido, que se hizo a múltiples manos. Uno de los problemas encontrados en el camino era que la cantidad de tela era finalmente insuficiente. Afortunadamente uno de los artistas fue capaz de convencer a la encargada del comedor universitario para cambiar unos manteles por las telas metálicas elásticas, que les servirían a las camareras para hacerse unas vistosas mallas. Tras varios días de trabajo físico las superficies de tela fueron unidas a los cables con bridas de plástico estándar y tensadas en los extremos. La construcción terminó con una pequeña fiesta en la que la única iluminación existente era la luz del proyector sobre la lona.

Proceso de marcado de los patrones obetenidos digitalmente a través de una proyección en verdadera magnitud sobre la la tela en el PFL2

Resultados

En particular, existieron dos vías principales de conflicto capaces de generar diversidad en los dos talleres de PFL: una referida a las propias ideas sobre lo que debía construirse y otra referida al propio proceso constructivo. En ambos talleres de fabricación digital se trataba de asumir el conflicto propio de lo plural de las distintas aspiraciones y anhelos de los participantes allí presentes, con nacionalidades y pasados bien distintos. Tanto en la experiencia de Valparaíso como en la de La Habana existió una superposición de líneas de actuación no coincidentes, que se relacionaban con distintas maneras de entender las piezas realizadas. En la Ciudad Abierta por ejemplo se solaparon un modelo de marco estructural pretensado con otro de ensamblado y tensado posterior, según la propia línea seguida –no sin fricciones– entre los distintos grupos colaboradores. También se realizaron apropiaciones específicas de partes a través de la impregnación y pintura, que contradecían los principios de homogeneidad estéticas en los que se fundamentaron la realización original, más afín a priori a una fabricación digital más pura. Pero quizá, lo más relevante, es que asumiendo estos conflictos activos, las piezas construidas en ambas experiencias nunca se entendieron como vehículos en sí mismo de la expresión individual, por muy expresivas que pudieran resultar estas formas. Sus participantes las entendieron precisamente como mediadoras y articuladoras de las relaciones entre personas. Formas a medio camino entre edificación y mobiliario urbano, y que son ante todo sistemas de estructuración y organización de un espacio que habitarán múltiples personas de distinta condición, y que estas mismas personas lo ocuparán y harán uso de ellas de maneras dispares. La finalidad de estas estructuras no era la de representar a los ciudadanos con su mayor o menor expresividad o carga simbólica, sino la de actuar como una estructura de mediación a través de la cual los habitantes se representaban a sí mismo a través de sus acciones, haciendo visible la pluralidad y diversidad de posiciones de este hacer colectivo.

Los dos modos diferentes de entender el proceso contructivo en PFL1

Pero más evidente que esta confrontación entre los participantes es aquella derivada de las bases constitutivas que conllevaba la construcción de las piezas mismas. En lugar de alisar y someter completamente al cálculo paramétrico su proceso operativo, la construcción asume su imposibilidad totalizadora, su resistencia a una producción pura y netamente digital para abrirse a la impureza, a lo contradictorio, a las cualidades no computables. Hallazgos que surgen del error, de la curvatura imprevista por un exceso de tensión o de un cambio de material debido a la escasez del previsto. Distintos modos de construir solapados a un tiempo que desenmascaran los ideales vigentes. Construcciones que al enfrentarse con lo real no encuentran ahí su fracaso, sino su verdadera línea de exploración.

PFL1: Apropiaciones con pintura de la estructura, donde además se aprecian algunas de las deformaciones alabeadas imprevistas en la geometría inicial

Se une así indisolublemente lo tecnológico y lo artesanal en unas prácticas mixtas, quizá "etno-digitales", que además tratan de reconocer aspectos de la tradición local: desde el experimentalismo poético con la madera de la Ciudad Abierta a las finas cáscaras de hormigón de doble curvatura de Félix Candela junto a Max Borges en La Habana, ahora invertidas como estructuras tensadas. Se reconoce en esta tradición latinoamericana además no sólo una alternativa audaz al canon de la arquitectura moderna de después de la Segunda Guerra Mundial, sino un cambio en la relación tradicional entre la arquitectura y el público. La producción digital se abre a su afuera terrenal y físico, suscitando la exploración de lo diverso, de la línea divergente, de los resultados propios de la confrontación de unos ideales encapsulados en su propia lógica constitutiva contra las realidades más mundanas de la construcción con los medios locales. Así es como se trabajó en la Ciudad Abierta de Ritoque y en la CUJAE de La Habana, colaborando en distintas direcciones y sin cerrar una línea tendente a la homogeneización.

Pluralidad de retales de tela cosidos colectivamente en el PFL2

Discusión y conclusiones

El compromiso con lo colectivo que estos talleres proponen parte de la aceptación del conflicto como parte interna de su propia lógica constitutiva. Volvemos así a la base agonística de lo político presente en Hannah Arendt, y a las definiciones contemporáneas como la de Chantal Mouffe, donde lo político se entiende siempre como conflicto, como confrontación de plurales opuestos que no puede reducirse a un único consenso. Y es que, operativamente, gran parte de la lógica digital ha sido la parametrización y protocolización de cualquier proceso para eliminar cualquier fricción o conflicto y la igualación de la diversidad a códigos homogéneos para su intercambio en las redes y flujos contemporáneos. Según Byung Chul-Han, es un proceso por el cual las cosas "se alisan y allanan" para insertarse "sin resistencia en el torrente liso del capital, la comunicación y la información (...) se hacen operacionales cuando se someten a los procesos de cálculo, dirección y control" (Han, 2011: 11-12). En la base de este mismo proceso de alisamiento está la eliminación de cualquier conflicto de base, y por tanto, la posibilidad de politizar dicho proceso. Es por ello que la confrontación con aquello que es contradictorio, irreconciliable, conflictivo, es un procedimiento adecuado para la reconsideración de la producción digital en una dimensión colectiva. Esto da lugar a modelos de participación que no son directamente cooperativos, en cuanto que no todo el mundo opera en la misma dirección, aunque si colaborativos, en cuanto que trabajando a un mismo tiempo pueden asumir contradicciones. Del mismo modo, pone en cuestionamiento el principio por el cual todo es reproducible como igual.

Si después de estos años se pudiera sacar una conclusión del trabajo en Politics of Fabrication, quizá esta fuera el profundizar en la dirección contraria a este alisamiento del protocolo comunicativo de lo digital a través de la confrontación con lo incompatible, con las asimetrías de lo diverso, con lo contingente de lo inesperado.

Referencias bibliográficas

Arendt, Hannah. (2005). La Condición Humana. Barcelona: Paidós. Primera edición en inglés en 1951.

Gershenfeld, Niel (2007). Fab: The Coming Revolution on Your Desktop--from Personal Computers to Personal Fabrication. Cambridge, MA: Basic Books.

Han, Byung-Chul (2011). La Sociedad de la Transparencia. Barcelona: Herder.

Matthew Poole y Manuel Shvartzberg (2015). The Politics of Parametricism. Londres y Nueva York, Bloomsbury Press.

Mouffe, Chantal. (2007). En torno a lo político. Buenos Aires: Fondo de Cultura Económica.

Schneider, Florian. (2006). "Collaboration: The Dark Site of the Multitude". En Monica Narula, Shuddhabrata Sengupta, Ravi Sundaram, Jeebesh Bagchi (eds.). SARAI READER 06: Turbulence. Delhi: Centre for the Study of Developing Societies.

Taylor, C. y Pérez, J. (Eds.) (2001). *Multiculturalism*. Montreal: Delachaux.

Siegel, H. (2002). Philosophy of Education and the Deweyan Legacy. *Educational Theory*, 52 (3), 273-280.

Mendley, D. M. (2005). The Research Context and the Goals of Teacher Education. En M. Mohan y R. E. Hull (Eds.), *Teaching Effectiveness* (pp. 42-76). New Jersey: Educational Technology Publications.

OCDE (2000). *Methodology for Case Studies of Organizational Change*. Recuperado de http://bert.eds.udel.edu/oecd/cases/CASES11.html [Recuperado 27/01/2016].

*Este libro se terminó de elaborar en mayo de 2018
en la ciudad de Sevilla, bajo los cuidados de
Francisco Anaya, director de Egregius Ediciones.*